Per il verso giusto

Giulia Angelini (angelini@zedat.fu-berlin.de) lehrt Italienische Sprache und Kultur am Institut für Romanische Philologie der Freien Universität Berlin.

Elisabetta Fontana (fontana@zedaz.fu-berlin.de) lehrt Italienische Sprache und Kultur am Sprachenzentrum der Freien Universität Berlin.

Beide Autorinnen haben bereits zahlreiche Arbeits- und Übungsbücher zur italienischen Sprache veröffentlicht. Giulia Angelini betreut zudem das e-learning Projekt »Classici Online« der Freien Universität Berlin.

GIULIA ANGELINI | ELISABETTA FONTANA

Per il verso giusto

Übungsbuch für
fortgeschrittene Italienischlernende

BUSKE

Bibliografische Information der Deutschen Nationalbibliothek

Die Deutsche Nationalbibliothek verzeichnet diese Publikation in der Deutschen Nationalbibliografie; detaillierte bibliografische Daten sind im Internet über ‹http://dnb.d-nb.de› abrufbar.
ISBN 978-3-87548-540-0

 Gedruckt auf alterungsbeständigem Papier. Umschlagabbildung: pixelio.de. Layout, Satz: Jens-Sören Mann. Druck und Bindung: Druckhaus »Thomas Müntzer«, Bad Langensalza. Printed in Germany.

Inhalt

Einleitung / Introduzione

Konzeption

Diesem Buch liegt die Überzeugung zugrunde, dass der Übersetzungsprozess und die ihn begleitende Reflexion ein unabdingbares Moment beim Erlernen einer Sprache sind. Das Konzept von *Per il verso giusto* zeichnet sich durch die Strukturierung der einzelnen Kapitel nach Textsorten und die doppelte Ausrichtung – vom Italienischen ins Deutsche und vom Deutschen ins Italienische – aus.

Die neun Kapitel stellen verschiedene Kommunikationsformen des schriftlichen Standarditalienisch vor: 1. (Selbst)Vorstellungen/Tagebücher, 2. E-Mails/private Briefe, 3. Interviews, 4. Biographien, 5. Beschreibungen, 6. Rezepte/Anleitungen, 7. Leserbriefe, 8. Zeitungsartikel, 9. Rezensionen. In den jeweils angebotenen linguistischen Aktivitäten und Reflexionen werden grammatische, lexikalische, syntaktische, stilistische und pragmatische Aspekte der Sprache behandelt, die für die einzelnen Kommunikationsformen relevant sind.

Jedes Kapitel beginnt mit einem italienischen Text (T1), der ein konkretes Beispiel der behandelten Textsorte vorstellt (eine E-Mail, eine Rezension etc.). Danach wird das Global- und/oder Detailverstehen geübt. Im zweiten Teil des Kapitels werden zwei deutsche Texte eingeführt (T3 und T4), auf deren Übersetzung ins Italienische – Ziel des Kapitels – mit Hilfe von eigens dafür vorgesehenen Übungen, lexikalischen Übersichtstafeln, grammatischen Erklärungen und der italienischen Beispiele vorbereitet wird.

Die ausgewählten Texte sind authentisch, auch komplex, zuweilen minimal gekürzt oder adaptiert; zu ihrem Verständnis werden die Benutzer aufgefordert, über die gewöhnlichen Arbeitsmittel hinaus (Wörterbücher, Grammatiken und Internet) auch auf andere bekannte Sprachen, Vorwissen und eigenen kulturellen Hintergrund zurückzugreifen. Was jedoch die Übungen betrifft, soll auch der Fixierung und Anwendung scheinbar einfacher Strukturen, die Nicht-Muttersprachlern bei der sprachlichen Produktion gleichwohl Schwierigkeiten bereiten, Raum gegeben werden.

Adressaten

Aus der Arbeit mit Studenten hervorgegangen, kann *Per il verso giusto* auch außerhalb des universitären Rahmens an Gymnasien, in denen Italienisch unterrichtet wird, oder Volkshochschulen eingesetzt werden. Durch den beigefügten Übungsschlüssel eignet es sich auch für das Selbststudium. Adressaten sind Lernende mit einer Sprachkompetenz zwischen Niveau A2 und B2 GER. Gerade hier wird über die bloße Übersetzung hinaus Wert auf die Sprachmittlung gelegt, d.h. die Fähigkeit, sich zwischen verschiedenen Sprachen, Kontexten und Kulturen zu bewegen. Zum Erwerb dieser Kompetenz möchte *Per il verso giusto* beitragen.

Struktur und Modalität der Benutzung

Die Reihenfolge der Kapitel richtet sich nach der zunehmenden Komplexität der Texte. Ihre Struktur erlaubt es, je nach den kommunikativen Bedürfnissen der Benutzer von einer bestimmten Textsorte auszugehen. Das Wort- und Sachregister macht es zudem möglich, zur Übung bestimmter linguistischer Aspekte im Buch hin und her zu springen.

Jedes Kapitel enthält

- T1 und T2, die **italienischen Ausgangstexte**
- T3 und T4 die **deutschen Texte**

Zwischen den einzelnen Texten finden sich:

- **Übungen** zu bestimmten Sprachaspekten, die im Text vorkommen (Grammatik, Lexik, Idiomatik, Performativität, Register). Es werden Übungen zur Übersetzung, Ergänzung, Kombination, multiple choice etc. angeboten. Außerdem wird Wert auf die Fähigkeit zur Zusammenfassung und Reformulierung im Italienischen gelegt.
- **Sprachgegenüberstellungen**, die einzelne Aspekte in den Texten in kontrastiver Sichtweise näher untersuchen, vor allem in Hinsicht auf mögliche lexikalische Interferenzen.
- **Grammatische Übersichtstafeln**, die je nach bestimmten, in den Texten vorkommenden Sprachfunktionen die Grundregeln zusammenfassen. Ein Augenmerk richten diese Tafeln auf jene Themen, die für Deutschsprachige von besonderer Schwierigkeit sind. Sie ersetzen nicht die Grammatik, die für die Vertiefung einzelner Aspekte unverzichtbar bleibt.
- **Übersetzungen** ins Italienische von T3 und T4, die jedes Kapitel beschließen. Es handelt sich um Musterübersetzungen, die in Klammern auch Varianten bieten.

Am Ende des Buches gibt es einen **Übungsschlüssel**, ein **Wort- und Sachregister** und eine **Bibliographie** der empfohlenen Arbeitsmittel.

Dass es im Deutschen normal ist, einen privaten Brief mit «Dein / Deine ...» zu beenden, während im Italienischen ein «Tua/o ...» auf einen hohen Grad von Intimität schließen lässt, oder dass die indirekte Rede im Italienischen nicht durch den Konjunktiv angezeigt wird wie im Deutschen, gehört zu den kontrastiven Beobachtungen, die zum Verfassen des *Per il verso giusto* geführt haben.

Über die Anzeige der Richtung (= verso) hinaus – von einer Sprache in die andere nämlich – lädt *Per il verso giusto* zur methodischen Annäherung an den Übersetzungsprozess ein. Tatsächlich bedeutet die italienische Redewendung *prendere qualcuno per il verso giusto* die Fähigkeit, jemanden zu nehmen zu wissen, d.h. richtig aufzufassen und Missverständnisse zu vermeiden. Sich beim Übersetzen von keinen Schwierigkeiten abhalten zu lassen und immer einen gangbaren Weg zu finden, ist das, wozu dieses Buch ermuntern will.

* * *

Concezione

La convinzione alla base di questo libro è che il processo di traduzione nella lingua d'arrivo e la riflessione contrastiva che l'accompagna costituiscano un momento imprescindibile nell'apprendimento di una lingua. La novità di *Per il verso giusto* sta nella strutturazione per tipologie testuali dei singoli capitoli e nell'approccio bidirezionale, dall'italiano al tedesco e dal tedesco all'italiano.

I nove capitoli presentano diversi tipi di comunicazione scritta dell'italiano standard: 1. autopresentazioni/diari, 2. mail/lettere private, 3. interviste, 4. biografie, 5. descrizioni, 6. ricette/istruzioni, 7. lettere al giornale, 8. articoli di cronaca, 9. recensioni. Nelle attività e riflessioni linguistiche proposte di volta in volta si affrontano aspetti della lingua (grammaticali, sintattici, lessicali, stilistici, pragmatici) connessi a quella particolare forma di comunicazione.

Ogni capitolo si apre con un testo italiano (T1), che offre un esempio di realizzazione linguistica della tipologia trattata (una mail, una recensione, ecc.). Successivamente si esercita la comprensione globale e/o puntuale. Si propone poi un secondo testo italiano (T2), che presenta una seconda modalità di esecuzione della stessa tipologia a un livello linguistico più complesso. Nella seconda parte del capitolo si introducono i due testi tedeschi (T3 e T4), alla cui traduzione in italiano – punto d'arrivo del capitolo – *Per il verso giusto* prepara tramite esercizi appositi, specchietti lessicali, spiegazioni grammaticali e con l'aiuto degli esempi italiani.

I testi scelti sono testi autentici, anche complessi, a volte minimamente ridotti o adattati, per la cui comprensione si invitano gli utenti a fare ricorso, oltre che agli abituali strumenti di lavoro (dizionari, grammatiche e internet), anche alle altre lingue conosciute, a preconoscenze e al proprio bagaglio culturale. Per quanto riguarda gli esercizi, invece, si è voluto dar spazio anche ad attività di fissaggio e di reimpiego di strutture apparentemente semplici, che tuttavia nella produzione linguistica creano ai non madrelingua ripetute difficoltà, per cui è utile che vengano esercitate spesso.

Destinatari

Nato dal lavoro con studenti universitari, *Per il verso giusto* può essere utilizzato oltre che in ambito universitario, anche nei licei dove venga insegnato l'italiano e nelle Volkshochschulen. Data la presenza delle chiavi, si presta anche ad uno studio autonomo. È destinato a studenti intermedi e intermedi avanzati, le cui conoscenze linguistiche si situano tra il livello A2 e B2 del Quadro di Riferimento Europeo. È appunto qui che, superando il concetto di traduzione, si dà piuttosto rilievo al concetto di mediazione, in quanto capacità di muoversi tra lingue, contesti e culture diverse. *Per il verso giusto* intende essere uno strumento per l'acquisizione di questa competenza.

Struttura e modalità d'uso

I capitoli si succedono in base ad una progressiva complessità dei testi. La sua struttura permette comunque di partire da una tipologia testuale piuttosto che da un'altra, a seconda delle esigenze comunicative degli utenti. L'indice analitico consente anche di affrontare ed esercitare singoli aspetti linguistici con un percorso a zig-zag nel libro.

Ogni capitolo comprende:

- T1 e T2, i **testi italiani** di partenza
- T3 e T4, i **testi tedeschi**

Tra un testo e l'altro ci sono:

- **Attività** per esercitare particolari aspetti della lingua incontrati nel testo (grammatica, lessico, idiomatica, performatività, registro). Si propongono esercizi di traduzione, di completamento, di abbinamento, a scelta multipla, ecc. Viene inoltre data importanza alla capacità di riassumere e riformulare in italiano.
- **Le due lingue a confronto** dove, partendo da un'ottica contrastiva, si mettono a fuoco alcuni aspetti incontrati nei testi, riguardanti in particolare possibili interferenze lessicali.
- **Specchietti grammaticali** dove si riassumono regole essenziali rispetto a certe funzioni linguistiche presenti nei testi. Questi specchietti si soffermano su quegli argomenti di particolare difficoltà per un parlante di lingua tedesca. Essi non sostituiscono la grammatica, che resta uno strumento indispensabile per approfondire il tema.
- **Traduzioni** in italiano di T3 e T4, che chiudono ciascun capitolo. Si tratta di traduzioni modello, che offrono fra parentesi anche delle varianti.

Alla fine del libro ci sono le **chiavi** degli esercizi, un **indice analitico** e una **bibliografia** con gli strumenti di lavoro consigliati.

Che in tedesco sia normale concludere una lettera privata con «Dein / Deine ...», mentre in italiano firmare con «Tuo/a ...» lascia presumere un alto grado di intimità; o che il discorso indiretto non venga segnalato in italiano da un modo verbale, come in tedesco, sono queste alcune delle osservazioni contrastive che hanno guidato la stesura di *Per il verso giusto*.

Il titolo, *Per il verso giusto*, oltre a indicare la direzione in cui si procede - il passaggio da una lingua all'altra - è un invito a scegliere un metodo per avvicinarsi al processo di traduzione. Il modo di dire italiano, *prendere qualcuno per il verso giusto*, suggerisce infatti la capacità di saper trattare con qualcuno, cioè interpretare correttamente evitando fraintendimenti. Quindi, applicato alla traduzione, equivale a trovare l'approccio più adeguato per risolvere le difficoltà testuali che si incontrano senza bloccarsi di fronte agli ostacoli. È questo l'invito che rivolgiamo a chi utilizzerà questo libro.

1 (Auto)Presentazioni / Diari

Attività comunicative: definire tratti di carattere
presentarsi, parlare di sé, del proprio lavoro
raccontare le proprie esperienze, i propri progetti

G Grammatica: alternanza di imperfetto e di passato prossimo
determinazioni di tempo e di luogo
possessivi con i nomi di parentela

T Testi: Testi modello (Italiano ▷ Tedesco):
T1 Mi presento
T2 Dal diario di Felina

Testi da tradurre (Tedesco ▷ Italiano):
T3 Friedrich
T4 Anziehend

T1 Mi presento

Sonia scrive una lettera a quella che sarà la sua compagna di stanza a Pompei e si presenta.

Mi chiamo Sonia, ho diciotto anni e vivo con la mia famiglia a Reggio Emilia. Ho una sorella, Alessandra. Mia sorella ha cinque anni più di me e io vado molto d'accordo con lei, anche se siamo abbastanza diverse: io sono estroversa, mentre lei è piuttosto chiusa, io sono molto ordinata, come mia madre, lei invece è una confusionaria, come nostro padre.

Attualmente frequento l'ultimo anno di liceo nella mia città, mi sto preparando per l'esame di maturità. So già a quale facoltà m'iscriverò: siccome mi interessano molto le civiltà del passato, mi piacerebbe studiare archeologia, anche se i miei non sono molto d'accordo. Mi piace viaggiare, sono un tipo avventuroso e immagino la professione dell'archeologo un po' alla Indiana Jones! D'altro canto però sono anche meticolosa e precisa, mi piace collezionare e schedare le cose, quindi mi sembra che sarebbe proprio la professione adatta a me. L'estate scorsa ho partecipato a un campo estivo organizzato dall'associazione Archeoclub: è stata un'esperienza bellissima! Mi sono divertita, ho imparato un sacco di cose e ho conosciuto tanta gente simpatica. A marzo ho fatto domanda per una borsa di studio per poter partecipare al corso estivo a Pompei e – che fortuna! – sono stata accettata.

I D Le due lingue a confronto

la provenienza: essere di + *città* / + *aggettivo* = aus + *Stadt/Land* kommen	
Sono di Torino. / Sono torinese.	*Ich komme aus Turin.*
È tedesca. Viene dalla Germania.	*Sie kommt aus Deutschland.*

l'età: avere … anni = … Jahre alt sein	
Ho vent'anni.	*Ich bin 20 Jahre alt.*
Ha circa trent'anni. / Ha una trentina d'anni. / È sui trenta.	*Er/Sie ist um die 30. / Er/Sie ist ca. 30 Jahre alt.*

andare d'accordo = sich gut verstehen	
Mio fratello ed io non siamo mai andati d'accordo.	*Mein Bruder und ich haben uns noch nie gut verstanden.*

essere d'accordo = einverstanden sein, derselben Meinung sein	
Sono perfettamente d'accordo con te.	*Ich bin ganz deiner Meinung.*

❶ *Completate con gli elementi mancanti (una o più parole).*

Sonia è .... Reggio Emilia, dove vive con .... genitori e .... sorella, che .... cinque anni .... lei. Le civiltà .... le interessano molto e .... piace molto viaggiare. L'estate .... ha partecipato .... corso dell'Archeoclub, dice che .... un'esperienza eccezionale. .... si sta preparando all'esame .... In marzo .... domanda per una borsa di studio .... Pompei.

G L'articolo davanti al possessivo con i nomi di parentela

Il possessivo in italiano non è preceduto dall'articolo con i nomi di parentela al singolare: *mia sorella, tuo zio, suo padre, vostro cugino*.
Al plurale c'è sempre l'articolo: *i miei fratelli*.
Attenzione, però, l'articolo c'è, anche al singolare, nei seguenti casi:
- con la terza persona plurale: *il loro figlio, la loro cognata*;
- se si tratta di un nome alterato: *il mio nipotino, la tua sorellina* ed anche con i sostantivi *(la) mia mamma, (il) mio papà, (la/il) sua/o nonna/o;*
- in presenza di un aggettivo: *la mia cara madre, il mio vecchio zio.*

L'articolo precede il possessivo anche con questi sostantivi: *la mia famiglia, il suo ragazzo, la tua fidanzata*.

❷ *Traducete in italiano. Attenzione ai* ***possessivi****!*

a) Ich bin 25 Jahre alt und lebe mit meiner Familie in Rom.

....

b) Mein Bruder heißt Sebastiano und ist drei Jahre jünger als ich.

....

c) Sonia liest gerne, während ihre ältere Schwester lieber Musik hört.

....

d) Meine Eltern wohnen seit zwei Jahren in Neapel.

....

e) Unsere Töchter verstehen sich sehr gut.

....

f) Seit wann studiert Ihr Sohn Medizin in Padua?

....

g) Im Unterschied zu meinen Geschwistern bin ich kein Abenteurertyp.

....

h) Mein Freund spielt gerne Klavier.

....

i) Nächsten Sommer werde ich zusammen mit meinem italienischen Cousin einen Sprachkurs in Madrid besuchen.

....

....

j) Seine Freundin ist sehr schüchtern.

....

❸ *Trovate nel testo italiano le parole corrispondenti:*

a) Gymnasium ....
b) Abitur ....
c) Fach ....
d) Verein ....
e) Beruf ....
f) Bewerbung ....
g) Stipendium ....
h) Ferienlager ....

❹ ***Aggettivi per descrivere un carattere.*** *Come tradurreste in tedesco questi aggettivi?*

a) confusionaria ....
b) meticolosa ....
c) ambizioso ....
d) sincero ....
e) paziente ....
f) spiritosa ....

Conoscete l'equivalente in italiano dei seguenti aggettivi?

g) introvertiert .... j) eifersüchtig ....

h) schüchtern .... k) neidisch ....

i) großzügig .... l) selbstbewusst ....

Quali aggettivi usereste per descrivere la vostra personalità o quella del/della vostro/a migliore amico/a?

....

....

....

....

❺ ***Determinazioni di tempo e di luogo.*** *Completate con le* ***preposizioni*** *semplici o articolate.* (Per le date vedi il capitolo 4 «Biografie».)

Sono nato .... 1982 .... Napoli. .... 15 anni mi sono trasferito con mia madre .... una cittadina .... Liguria. .... 2001 .... 2005 ho studiato Legge .... università .... Genova. .... questo periodo ho fatto amicizia con Alessandra, una compagna di studi. Dopo la laurea Alessandra ed io siamo andati ad abitare insieme .... viale Mazzini, vicino .... stadio. Anche se siamo di carattere diverso, andiamo d'accordo e .... aprile abbiamo aperto insieme uno studio legale .... centro. Andiamo così d'accordo che abbiamo addirittura deciso di sposarci! Non eravamo d'accordo su dove celebrare il matrimonio, io avrei preferito qui .... città, ma ora abbiamo deciso di farlo .... paesino piemontese .... cui proviene la famiglia di Ale. Ci sposeremo .... sei mesi.

T2 Dal diario di Felina

Caro Diario,

ieri sono andata al concerto di Vasco a Reggio. È stato carino. Io e l'Ele eravamo agitatissime. C'era anche Dado, il suo ex: è simpatico.

Siamo arrivati in corriera a Reggio e abbiamo preso la navetta che ci ha portati allo stadio. Ci siamo posizionate nel campo. [...] Erano solo le cinque e mezza e c'era già un casino di gente.

Durante il concerto io mi sentivo pressata dalla gente e mi batteva il cuore fortissimo perché avevo paura di perdere l'Ele e Dado. Mi piaceva la musica ma io mi sentivo scema. Tutti cantavano con Vasco e alzavano le mani come se fosse stato il papa o il Duce. [...]

Prima di andare via ho comprato un panino. 5 euro, ora capisco perché mi sono rimasti così pochi soldi. Fra l'altro faceva schifo.

Dopo la ma e il pa dell'Ele ci sono venuti a prendere e io ho dormito a casa sua. Oggi sono tornata a casa e ho ripreso la mia vita normale e il mio lavoro stressante di cameriera estiva.

6 *Questa pagina di diario contiene alcune* **espressioni colloquiali** *o del* **gergo giovanile**. *Sottolineatele e provate a parafrasarle, usando un italiano standard.*

Es.: *Il suo ex* = Il suo ex-ragazzo, il ragazzo con cui stava prima.

7 *Traducete in tedesco la pagina di diario di Felina.*

G Alternanza di imperfetto e di passato prossimo

Il sistema verbale tedesco non conosce l'opposizione tra tempi perfettivi (passato prossimo e passato remoto) e imperfettivi (imperfetto) che è invece tipica dell'italiano e delle lingue romanze in generale. Il *Präteritum* può corrispondere ora all'uno ora all'altro tempo.

L'**imperfetto** si usa per esprimere l'aspetto incompiuto di un'azione (quando non sono espliciti né l'inizio né la fine), l'aspetto iterativo di un'azione, lo svolgimento contemporaneo di due azioni. Dopo la congiunzione temporale con valore durativo, *mentre*, ci vuole l'imperfetto. L'imperfetto si trova spesso nelle descrizioni (di una situazione, di un paesaggio, di tratti fisici e psicologici di una persona). Spesso l'imperfetto costituisce lo sfondo su cui si inserisce l'azione puntuale (*Pioveva quando è uscito dall'ufficio*).

Il **passato prossimo** viene impiegato per esprimere l'aspetto puntuale di un'azione, indica un'azione singola conclusa nel passato, una successione di azioni. Spesso segnala una prospettiva risultativa sull'azione (*Chiacchierando al telefono, ha bevuto tre birre*).
Le espressioni temporali che accompagnano il verbo sono indicatori importanti per capire se l'azione è intesa in modo perfettivo (*all'improvviso, poi, quella volta*, ecc.) o imperfettivo (*ogni volta, mentre*, ecc.).

❽ *Nelle seguenti frasi vi sembra più adatto il* ***passato prossimo*** *o* ***l'imperfetto****?*

a) Ieri sono andata al concerto di Vasco Rossi.

① Era bellissimo!! ❏
② È stato bellissimo!! ❏

b) Siamo andati alla festa di Marina.

① C'era una bellissima atmosfera. ❏
② C'è stata una bellissima atmosfera. ❏

c) Com'è andata la lezione ieri?

① È stata di una noia mortale. ❏
② Era di una noia mortale. ❏

d) Siete stati a cena dai Colombo?

① Sì, era una serata meravigliosa! ❏
② Sì, è stata una serata meravigliosa! ❏

e) Conosci Todi?

① No, non c'ero mai. ❏
② No, non ci sono mai stata. ❏

f) Com'è andato l'esame ieri?

① All'inizio ero un po' agitato, ma poi mi sono rilassato. ❏
② All'inizio sono stato un po' agitato, ma poi mi sono rilassato. ❏

g) Alcuni spettatori urlavano da matti.

① Sembravano ubriachi. ❏
② Sono sembrati ubriachi. ❏

h) Matteo e Lea abitano a Genova.

① Ho pensato che abitassero a Milano. ❏
② Pensavo che abitassero a Milano. ❏

i) È vero che avete fatto un viaggio in Islanda?

① Sì, è stata una vacanza indimenticabile! ❏

② Sì, era una vacanza indimenticabile! ❏

❾ ***Passato prossimo*** *o* ***imperfetto****? Traducete le seguenti frasi in italiano facendo attenzione alle determinazioni di tempo.*

a) Als wir ankamen, war es erst sechs Uhr, aber es waren schon sehr viele Leute da.

....

b) Ich war sehr aufgeregt, als ich gestern auf dem Konzert meinen Ex-Freund sah.

....

c) Während des Konzerts hatten wir Herzklopfen, weil Vasco Rossi so nah war.

....

d) Während Vasco sang, streckten viele Leute die Hände hoch.

....

e) Sie haben sich ein belegtes Brötchen gekauft, obwohl es überteuert war.

....

f) Wann haben Eleonoras Eltern euch abgeholt?

....

g) Am Ende war ich so müde, dass ich kaum noch stehen konnte.

....

h) Am Schluss hat Vasco mein Lieblingslied gesungen und ich war überglücklich!

....

i) Am folgenden Tag schliefen wir so lange, bis Eleonoras Mutter uns weckte.

....

j) Als du anriefst, schliefen wir noch.

....

T3 Friedrich

Er hört Gilbert Bécaud oder Jacques Brel und er trägt gerne schicke Hüte. Friedrich, der eigentlich aus Münster stammt, sich aber nach 37 Jahren als richtiger Berliner fühlt, kam als Student 1969 in die Stadt. [...] Er studierte am ibero-amerikanischen Institut, zog durch viele Kneipen und einige WGs, bis er eine Wohnung fand, in der er 20 Jahre lebte, «mal zu zweit, mal zu dritt oder zu viert, es war viel los in diesen Jahren», erinnert er sich.

Schließlich ließ er die Doktorarbeit sein und entschloss sich, die Lehrerprüfung zu machen [...]. Lehrer werden wollte er aber eigentlich nicht. Und doch arbeitete der jetzige Pensionär 13 lange Jahre in seinem «Hassberuf». [...]

Heute führt er ein beschauliches Leben zwischen dem Haus mit Garten in der Prignitz und der Eigentumswohnung am Paul-Lincke-Ufer, die er mit seiner zweiten Ehefrau vor zwei Jahren bezogen hat. [...] Friedrich mag die Nähe zum Landwehrkanal, er ist ein «Flaneur» und ein passionierter Fahrradfahrer: «In einer Stadt wie Berlin braucht man kein Auto», sagt er.

⓾ *Riassumete il testo in italiano in circa 50 parole, dando le informazioni biografiche principali su questo signore. Nell'uso dei verbi al passato attenzione all'**alternanza tra passato prossimo e imperfetto**.*

....

....

....

....

....

....

....

⓫ ***Una** delle tre traduzioni **non** è corretta. Quale?*

a) Er ist aus Münster.

① È di Münster. ❑
② È da Münster. ❑
③ Viene da Münster. ❑

b) Er kam Ende der 60er Jahre.

① È venuto alla fine dei sessanta anni. ❑
② È venuto verso la fine degli anni sessanta. ❑
③ È venuto alla fine degli anni sessanta. ❑

c) Da ist das Haus, in dem er 20 Jahre lebte.

① Ecco la casa in quale è vissuto per 20 anni. ❑
② Ecco la casa in cui è vissuto per 20 anni. ❑
③ Ecco la casa nella quale è vissuto per 20 anni. ❑

d) Er entschloss sich, die Lehrerprüfung zu machen.

① Ha deciso di fare l'esame per diventare insegnante. ❑
② Si è deciso a fare l'esame per diventare insegnante. ❑
③ Ha deciso a fare l'esame per diventare insegnante. ❑

e) In dieser Stadt braucht man kein Auto.

① In questa città la macchina non serve. ❑
② In questa città non bisogna la macchina. ❑
③ In questa città non si ha bisogno della macchina. ❑

D I Le due lingue a confronto

etwas gerne tun = piacere + *infinito*	
Er fährt gerne Fahrrad.	Gli piace andare in bicicletta.
Ich habe schon immer gerne französische Lieder gehört.	Mi è sempre piaciuto ascoltare le canzoni francesi.

zu + ***Zahl*** = in + *numerale*	
mal zu zweit, mal zu dritt.	a volte in due, a volte in tre.
Wir leben zu viert.	Viviamo in quattro.

⓬ ***Locuzioni preposizionali e avverbi di luogo.*** *Scrivete le possibili locuzioni contrarie.*

a) vicino a ....

b) davanti a ....

c) fuori ....

d) all'interno ....

e) sopra ....

f) in alto ....

⓭ ***Locuzioni preposizionali e avverbi di tempo.*** *Scrivete le possibili locuzioni contrarie.*

a) sempre ....

b) due anni fa ....

c) all'inizio ....

d) raramente ....

e) dal 2004 ....

f) una volta alla settimana ....

⓮ *Traducete le seguenti frasi in italiano. Fate attenzione alle* ***indicazioni di tempo****.*

a) Früher sind wir gerne ins Theater gegangen, jetzt gehen wir lieber ins Kino.

....

b) Sie kam vor einem Jahr als Stipendiatin nach Frankfurt.

....

c) Ich habe zehn Jahre lang genau in dem Haus gelebt, in dem du jetzt wohnst. Was für ein Zufall!

....

d) Hast du schon immer alleine gewohnt oder auch mal zu zweit oder zu dritt?

....

e) Mein Vater ist vor Kurzem mit seiner dritten Frau in ein Haus auf dem Land gezogen.

....

f) In den 50er Jahren gingen meine italienischen Großeltern selten ins Restaurant.

....

Le due lingue a confronto

Composti del verbo *ziehen* nel contesto di una biografia:	
einziehen = andare ad abitare	
umziehen / ziehen nach = trasferirsi	
Ich bin vor zehn Jahren nach München gezogen.	Mi sono trasferita/o a Monaco di Baviera dieci anni fa.
wegziehen = andare via da / lasciare una città	
ausziehen = andarsene di casa / andare a vivere da un'altra parte.	
Wann bist du von Zuhause ausgezogen?	Quando te ne sei andata/o di casa? / Quando sei andata/o a vivere da sola/o?
zusammenziehen = andare a vivere con qu. / andare ad abitare insieme a qu.	
eine Wohnung beziehen = entrare in, occupare, andare ad abitare in un appartamento	
durch + Ort ziehen = girare per + luogo	
Er zog durch die Stadt / durch die Kneipen.	Girava per la città. / Passava da un bar all'altro.
erziehen = educare / allevare / tirare su	
Ich wurde streng erzogen.	Sono stato educato (allevato, tirato su) severamente. / Ho ricevuto un'educazione severa.

✍ ***Traducete in italiano il T3. Confrontate poi la vostra traduzione con quella alla fine del capitolo.***

T4 Anziehend

Arne Stüben, 30, Pilot

«Seit 1997 bin ich Kopilot [...]. Das ist spannend, ich sehe Länder, in die man sonst nicht unbedingt kommt [...]. Natürlich ist Tine manchmal neidisch [...]. Wir versuchen täglich zu telefonieren, wenn ich weg bin. Darauf legen wir beide großen Wert. [...] Ich bin immer zwischen drei und fünf Tagen am Stück unterwegs, aber dafür dann auch wieder zwei bis vier Tage zu Hause, oft auch länger. Wir machen in dieser Zeit viel zusammen [...]. Ich finde das alles optimal so, ein Bürojob wäre nichts für mich. Ich habe meinen Freiraum, erlebe viel, und wenn ich nach Hause komme, ist jemand da. Das genieße ich sehr, ich bin mehr der Familientyp. Die Arbeit muss Spaß machen, aber sie darf nicht alles sein. Ich finde es gut, dass Tine etwas komplett anderes macht, und profitiere davon. Mit Jura kenne ich mich eigentlich überhaupt nicht aus, aber durch Tine bekomme ich langsam einen kleinen Einblick. Auf eine Freundin, die Stewardess ist, hätte ich gar keine Lust.»

Christine Ott, 28, Juristin

«Als ich Arne vor einem Jahr auf einer Party in München kennen lernte, war ich gerade von meinem Lufthansa-Praktikum in Brüssel zurück [...]. Am Anfang unserer Beziehung war es schon heftig, dass er so selten da war. [...] Ich habe ihn vermisst und war auch eifersüchtig. Schließlich ist er immer mit einem Haufen gut aussehender Stewardessen unterwegs. Aber mittlerweile habe ich meine Eifersucht in Griff [...]. Außerdem habe ich jetzt eine Referendariatsstelle in einem großen Unternehmen, die mir richtig Spaß macht.»

15 *Rispondete alle domande relative al testo.*

a) Da quando è pilota Arne? ....

b) Quando è via per lavoro, telefona spesso a Christine? ....

c) Che tipo è Arne? ....

d) Dove e quando si sono conosciuti? ....

e) Perché all'inizio Christine era gelosa? ....

f) Che lavoro fa attualmente Christine? ....

Le due lingue a confronto

le professioni	
einen Beruf ausüben = esercitare una professione *er / sie ist ...* = è + *professione senza articolo* / fa + *articolo e professione*	
Arne ist Pilot.	Arne è pilota. / Arne fa il pilota.
Später will mein Sohn Feuerwehrmann werden.	Da grande mio figlio vuole (vorrebbe) fare il pompiere / vuole diventare pompiere.
Als Kind wollte ich schon immer Prima Ballerina werden.	Il mio sogno da piccola era diventare ballerina.

Wert legen auf = tenere a qc. / dare importanza a qc.	
Ich lege großen Wert auf mein Äußeres.	Tengo molto al mio aspetto (esteriore). / All'aspetto ci tengo molto.
Er legt keinen Wert darauf, mehr Geld zu verdienen.	Non ci tiene a guadagnare di più.

etwas genießen = godersi qc. (*riflessivo*!)	
Sie genießen den schönen Tag.	Si godono la bella giornata.

16 *Indicate la traduzione corretta, facendo attenzione all'uso di* ***imperfetto e passato prossimo****. Tenete presente il valore puntuale o durativo / iterativo delle determinazioni temporali (als, wenn, während, ecc.).*

a) Als ich Arne kennen lernte, war ich 23 Jahre alt.

① Quando ho conosciuto Arne, avevo 23 anni. ❑
② Quando conoscevo Arne, avevo 23 anni. ❑

b) In dem Haus wohnten noch viele Ausländer, als er einzog.

① In questa casa hanno abitato ancora molti stranieri, quando ci è andato ad abitare. ❑
② In questa casa abitavano ancora molti stranieri, quando ci è andato ad abitare. ❑

c) Schließlich verließ er Hamburg, weil er hier keine Arbeit fand.

① Alla fine lasciava Amburgo, perché qui non trovava lavoro. ❑
② Alla fine ha lasciato Amburgo, perché qui non trovava lavoro. ❑

d) Während Tine für ihr Examen lernte, flog Arne in der Welt herum.

① Mentre Tine studiava per gli esami, Arne andava in giro per il mondo. ❑
② Mentre Tine ha studiato per gli esami, Arne è andato in giro per il mondo. ❑

e) Wenn er nach Hause kam, war sie immer da.

① Quando tornava a casa, lei c'era sempre. ❑

② Quando è tornato a casa, lei c'era sempre. ❑

f) Letzten Montag traf ich Christine, die zum Flughafen fuhr.

① Lunedì scorso incontravo Christine che andava all'aeroporto. ❑

② Lunedì scorso ho incontrato Christine che andava all'aeroporto. ❑

g) Bis er sein Häuschen verkaufte, fuhr er am Wochenende immer dorthin.

① Fino a quando (non) vendeva la sua casetta, ci andava sempre il fine settimana. ❑

② Fino a quando (non) ha venduto la sua casetta, ci andava sempre il fine settimana. ❑

⓱ *Traducete le seguenti frasi, trovando, se possibile,* ***espressioni sinonimiche per gli avverbi*** *sottolineati.*

a) Wir sehen uns täglich / wöchentlich / nur manchmal.

....

b) Er ist wegen seines Berufs oft unterwegs, aber eigentlich reist er nicht gern.

....

c) Wir wollen unbedingt in Mainz bleiben, aber unser Sohn mag die Stadt überhaupt nicht.

....

d) Sie ist eifersüchtig, schließlich sieht Arne sehr gut aus.

....

e) Außerdem arbeitet er mit attraktiven Frauen zusammen.

....

f) Früher hatte Christine viele Juristen als Freunde, mittlerweile findet sie sie nicht mehr so interessant.

....

⓲ ***Esprimere gusti, preferenze, tratti del carattere.*** *Una delle tre traduzioni* ***non*** *è corretta, quale?*

a) Ich finde es gut, dass wir so ganz unterschiedliche Berufe haben.

① Mi sembra una buona cosa che abbiamo lavori completamente differenti. ❑
② Lo trovo buono che abbiamo lavori completamente differenti. ❑
③ Per me va bene avere lavori completamente differenti. ❑

b) Arne legt großen Wert auf sportliche Aktivitäten.

① Per Arne lo sport è molto importante. ❑
② Arne ci tiene molto allo sport. ❑
③ Arne mette valore sullo sport. ❑

c) So ein Job wie der von Arne wäre nichts für mich.

① Un lavoro come quello di Arne non sarebbe niente per me. ❑
② Un lavoro come quello di Arne non farebbe per me. ❑
③ Un lavoro come quello di Arne non sarebbe adatto a me. ❑

d) Was ist Julian für ein Typ? Sicher kein Familientyp!

① Che tipo è Julian? Non è certo il tipo della famiglia! ❑
② Che tipo è Julian? Non è certo fatto per la vita in famiglia! ❑
③ Che tipo è Julian? Non è certo un amante della famiglia! ❑

e) Ich kenne mich mit Computern überhaupt nicht aus.

① Non capisco niente di computer. ❑
② Di computer non sono buono. ❑
③ Di computer non me ne intendo. ❑

f) Ich hätte große Lust auf eine Weltreise.

① Muoio dalla voglia di fare il giro del mondo. ❑
② Fare il giro del mondo mi piacerebbe moltissimo. ❑
③ Terrei molta voglia per un giro del mondo. ❑

g) Tanzen macht mir großen Spaß!

① Ballare mi dà ben piacere! ❑
② Mi diverto molto a ballare! ❑
③ Ballare mi piace molto! ❑

h) Ihre neue Stelle macht Christine richtig Spaß.

① Il nuovo posto di lavoro piace molto a Christine. ❑
② Christine piace molto il suo nuovo impiego. ❑
③ Christine è proprio soddisfatta del suo nuovo lavoro. ❑

i) In der Welt herumzufliegen würde mir persönlich keinen Spaß machen.

① Girare il mondo in aereo a me personalmente non piacerebbe. ❑

② Io personalmente non mi divertirei a girare il mondo in aereo. ❑

③ Girare il mondo in aereo non mi farebbe divertimento. ❑

j) Er genießt es, abends mit seiner Freundin auf dem Sofa zu sitzen.

① Gli piace la sera starsene seduto con la sua ragazza sul divano. ❑

② Adora trascorrere la serata seduto con la sua ragazza sul divano. ❑

③ Gode la sera sedersi con la sua ragazza sul divano. ❑

✍ ***Traducete in italiano il T4. Confrontate poi la vostra traduzione con quella alla fine del capitolo.***

T Traduzioni dei testi tedeschi

T3 Friedrich

Ascolta Glibert Bécaud o Jacques Brel e gli piace portare cappelli eleganti. Friedrich, che in realtà viene da Münster, ma dopo 37 anni ormai si sente un vero berlinese, è arrivato in città nel 1969 come studente. [...] Ha studiato all'Istituto ibero-americano, è passato da un bar all'altro e da una comune all'altra, fino a quando ha trovato un appartamento dove è vissuto per vent'anni, «a volte solo, a volte in due, in tre o in quattro; succedevano un sacco di cose in quegli anni», ricorda.

Alla fine ha lasciato perdere il dottorato e ha deciso di fare l'esame di abilitazione per l'insegnamento [...]. Veramente non voleva diventare insegnante, eppure Friedrich, che ora è in pensione, ha fatto per ben 13 anni questo mestiere tanto odiato. [...]

Oggi vive una vita tranquilla tra la casa con giardino nella regione di Prignitz e la casa di sua proprietà a (sulla) Paul-Lincke-Ufer, in cui abita da due anni con la sua seconda moglie. [...] A Friedrich piace la vicinanza al Landwehrkanal, è un *flaneur* e un appassionato ciclista: «In una città come Berlino la macchina non serve», dice.

T4 Attraente

Arne Stüben, 30 anni, pilota

«Dal 1997 sono copilota [...]. È molto emozionante, vedo paesi nei quali altrimenti normalmente non si va [...]. Naturalmente a volte Tine è invidiosa [...]. Cerchiamo di telefonarci tutti i giorni, quando sono via. Per noi due è molto importante. (Ci teniamo molto tutti e due.) [...] Io sto via sempre dai tre ai cinque giorni di seguito, ma in cambio resto dai due ai quattro giorni a casa, a volte anche più a lungo. Durante questi periodi facciamo tante cose insieme [...]. Per me così è ideale, un lavoro in ufficio non farebbe per me (non sarebbe adatto a me, non farebbe al caso mio). Io ho la mia libertà, faccio esperienze interessanti e quanto torno a casa c'è qualcuno che mi aspetta. Questo mi piace molto: io sono più un tipo che sta bene in famiglia. Il lavoro deve piacere, ma non deve essere tutto. Trovo positivo il fatto che Tine faccia qualcosa di completamente diverso e ne approfitto anch'io. Di giurisprudenza non ne so niente, ma grazie a Tine a poco a poco me ne sto facendo un'idea. Non mi piacerebbe per niente avere una ragazza che fa la hostess.

Christine Ott, 28 anni, giurista
Quando ho conosciuto Arne un anno fa ad una festa a Monaco, ero appena tornata dal mio *stage* alla Lufthansa a Bruxelles[...]. All'inizio del nostro rapporto era dura che lui fosse così poco a casa. [...] Sentivo la sua mancanza ed ero anche gelosa. In fondo è sempre in giro con un mucchio di hostess attraenti. Ma nel frattempo sono riuscita a controllare la mia gelosia [...]. Inoltre ora ho un posto di tirocinante in una grossa ditta che mi dà molta soddisfazione.

2 Mail / Lettere

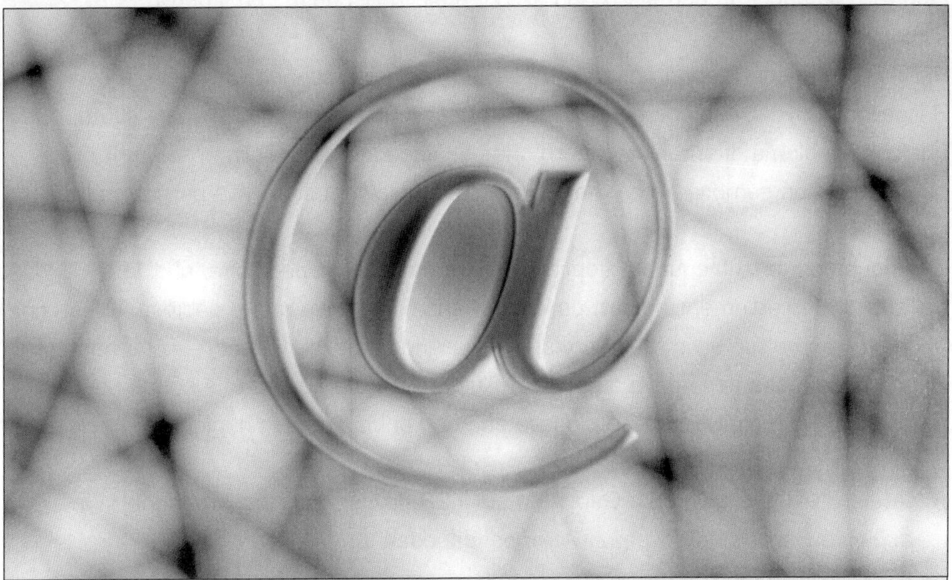

Attività comunicative: esprimere il proprio stato d'animo
fare gli auguri
formule di apertura e chiusura nella corrispondenza privata
informare brevemente sulla propria salute
prendere / riprendere contatto

G Grammatica: aggettivo vs. avverbio | imperativo e posizione dei pronomi personali atoni | posizione dei pronomi con i verbi modali | pronome personale di cortesia | reggenza preposizionale | uso del congiuntivo nelle frasi secondarie in dipendenza dei verbi che esprimono stati d'animo

T Testi: Testi modello (Italiano ▷ Tedesco):
T1 E-mail di Giovanni a Stefania
T2 Lettere di Carlo Emilio Gadda a Lucia Rodocanachi

Testi da tradurre (Tedesco ▷ Italiano):
T3 Drei kurze E-Mails
T4 Ein Brief von Jana an Franziska

T1 E-mail di Giovanni a Stefania

Carissima Stefania,
è veramente tantissimo che non ci sentiamo / scriviamo. Mi sento un po' in colpa per non essermi più fatto vivo, ma c'è sempre un sacco di cose da fare.
Innanzitutto abbiamo cambiato l'indirizzo e-mail. Ti rispondo con il nuovo: aligi@aliceposta.it
Per il resto le cose vanno abbastanza bene. Nora sta facendo l'Erasmus a Barcellona dove credo che si trovi molto bene. All'inizio penso che abbia avuto qualche problema di ambientamento che però ha superato facilmente. L'università è buona e lei non sembra avere molti problemi con la lingua. La vita però è molto cara.
Con noi ha contatti frequenti, soprattutto via e-mail e mi pare che, al di là dell'aspetto strettamente didattico, l'esperienza di vita sia molto positiva. Credo che anche lei, come tuo figlio Maurizio, stia imparando ad organizzarsi autonomamente.
Filippo più o meno se la cava a scuola. È l'ultimo anno e non so che cosa abbia in mente per il futuro. Mi fa però piacere che non abbia smesso di giocare a calcio e di suonare la chitarra.
A Natale, il 22, Nora verrà a Genova e poi il 28 dovremmo riaccompagnarla in macchina a Barcellona dove passeremo il capodanno.
Se tu arrivi il 19 penso che avremo l'occasione di vederci, anche se il tempo non è molto. Magari si potrebbe mangiare insieme un mezzogiorno o una sera. Chiamami, appena sarai qui.
E voi come state? E tuo padre? Salutalo tanto da parte mia quando lo vedrai.
Facci sapere qualcosa. Intanto un forte abbraccio da noi tutti.
A presto (spero)
Giovanni

❶ *Verificate se le seguenti affermazioni sono contenute nella mail di Giovanni a Stefania ed eventualmente correggetele.*

a) Giovanni e Stefania si scrivono frequentemente.
b) Nora, la figlia di Giovanni, studia Lingua e letteratura spagnola a Barcellona.
c) Nora si è trovata subito benissimo a Barcellona.
d) Stefania ha un figlio quasi ventenne.
e) Dopo la scuola il figlio di Giovanni vorrebbe fare il calciatore.
f) La famiglia di Giovanni passerà il capodanno a Barcellona.

❷ *Traducete in tedesco le seguenti frasi tratte dalla mail di Giovanni.*

a) È veramente tantissimo che non ci sentiamo.

....

b) Mi sento un po' in colpa per non essermi fatto più vivo.

....

c) Per il resto le cose vanno abbastanza bene.

....

d) Credo che si trovi molto bene a Barcellona.

....

e) Filippo più o meno se la cava a scuola.

....

f) Salutalo tanto da parte mia quando lo vedrai.

....

g) Facci sapere qualcosa.

....

h) Intanto un forte abbraccio da noi tutti.

....

(I)(D) Le due lingue a confronto

espressioni adatte ad aprire / chiudere una lettera	
È tanto che non ci scriviamo. / Non ci scriviamo da tanto tempo.	*Wir haben uns lange nicht mehr geschrieben.*
Mi dispiace di non essermi fatto più vivo.	*Es tut mir leid, dass ich mich nicht mehr gemeldet habe. / dass ich von mir nicht mehr habe hören lassen.*
Salutalo da parte mia.	*Grüß ihn von mir.*
Facci sapere qualcosa.	*Sag uns Bescheid.*

❸ *Con espressioni temporali come* ***da + … tempo, è tanto che non, è un secolo che non****, abbiamo in italiano il presente, quando vogliamo esprimere un'azione che si estende fino al momento attuale. Completate le frasi e traducetele poi in tedesco.*

a) Ciao, Francesco! È tanto che non (noi – vederci) ……………………………… Come stai?

………

b) Voglio mandare una mail a Franca. Non la (io – sentire)…………………… da due mesi.

………

c) Dovete telefonare ai nonni. È un secolo che non (voi – farsi vivi) ……………………………

………

Ⓖ L'aggettivo e l'avverbio

Mentre in tedesco non c'è differenza fra l'aggettivo usato predicativamente e l'avverbio, in italiano abbiamo forme differenti. Laddove l'avverbio rimane invariato, l'aggettivo concorda sempre con il sostantivo a cui si riferisce:
Die Erfahrung ist positiv. = L'esperienza è positiv**a**.
Er hat positiv reagiert. = Ha reagito positiva**mente**.
Bisogna fare particolare attenzione a quegli avverbi che hanno una forma diversa rispetto all'aggettivo base, come *bene / meglio* vs. *buono / migliore* (*più buono*), *male / peggio* vs. *cattivo / peggiore* (*più cattivo*).
Es geht ihm gut. = Sta bene.
Der Wein ist gut hier. = Qui il vino è buono.
Er schläft schlecht. = Dorme male.
Diese Suppe ist schlecht. = Questa minestra è cattiva.

❹ *Qual è l'****aggettivo*** */ l'****avverbio*** *corrispondente? Completate la seguente tabella.*

aggettivo	**avverbio**
buono	
	frequentemente
facile	
stretto	
	positivamente
autonomo	
costante	

	didatticamente
	male

❺ *Completate le coppie di frasi con l'**aggettivo** o l'**avverbio** scegliendoli fra i due indicati fra parentesi. Nel caso dell'aggettivo fate attenzione alla concordanza.*

a) All'inizio penso abbia avuto qualche problema di ambientamento che però ha superato .... / La vita a Barcellona non è .... (facile / facilmente)

b) L'università è .... / In Spagna Nora si trova molto .... (buono / bene)

c) Con noi ha contatti molto .... / In questo periodo non ci sentiamo .... (frequente / frequentemente)

d) Giovanni è un ragazzo molto .... / Ha reagito molto .... (positivo / positivamente)

e) Credo che anche lei, come tuo figlio Maurizio, stia imparando ad organizzarsi .... / Anna sta diventando sempre più .... (autonomo / autonomamente)

f) Non ha .... risultati. / A scuola se la cava .... (buono / bene)

❻ *Traducete in italiano o in tedesco le seguenti frasi.*

a) In questo momento sto molto bene.

....

b) Questa grammatica è molto buona. È addirittura migliore di quella che ha consigliato il docente.

....

c) Oggi Marina sta male. Ieri sera ha bevuto troppo.

....

d) Die Studenten, die gerade mit Erasmus in Pisa sind, fühlen sich dort nicht so wohl.

....

e) In diesem Lokal ist der Kaffee sehr schlecht.

....

f) Hier ist der Wein sehr gut.

....

Ⓖ La posizione dei pronomi atoni con l'imperativo

I pronomi personali atoni si attaccano al verbo coniugato all'imperativo (2ª persona singolare e plurale, 1ª persona plurale), mentre precedono l'imperativo di cortesia: *scrivimi, scrivetemi, scriviamoci, mi scriva.*

❼ *Trasformate le seguenti frasi all'**imperativo** dalla forma del «tu» a quella del «voi» e del «Lei».*

tu	voi	Lei
a) *Fatti* viva appena arrivi.	*Fatevi* vive appena arrivate.	*Si faccia* viva appena arriva.
b) *Fammi* sapere.		
c) *Dimmi* quando vieni.		
d) Quando vedi Franco, *salutamelo.*		
e) *Chiamami* stasera.		
f) *Scrivimi* presto.		

❽ *Completate le seguenti frasi con le forme dell'**imperativo** di uno dei verbi contenuti nel riquadro ed i **pronomi** opportuni (se necessario).*

farsi vivo | fare | invitare | dire | andare | chiamare | salutare | scrivere

a) Se vedi Paola, ... da parte mia.

b) .... una mail per dirmi quando arrivi alla stazione, così posso venire a prenderti.

c) Non avete ancora visto il nuovo film di Salvatores? ....! È bellissimo.

d) Marina attende una tua telefonata. .... stasera all'ora di cena.

e) Appena arrivate in Italia, ... con le vostre amiche di Napoli per combinare qualcosa insieme.

f) Non sai cosa regalare a tuo padre? .... una sorpresa e .... a cena.

g) Le ragazze non sanno ancora che Bianca domani non viene. .... voi, per favore!

❾ *Facendo riferimento all'e-mail di Giovanni, traduci i* ***connettivi*** *sottolineati e trova possibilmente dei sinonimi.*

a) Als Erstes möchte ich Dir meine neue Mail-Adresse geben.

....

b) Ansonsten ist alles in Ordnung.

....

c) Vielleicht könnten wir uns zum Mittagessen treffen.

....

d) Bis dahin liebe Grüße. ....

T2 Due lettere dello scrittore Carlo Emilio Gadda a Lucia Rodocanachi

Roma, 26 Giugno '37

Gentile Signora,
Le ho scritto da Milano una lettera, per ringraziarLa delle Sue e per darLe mie notizie. Ora sono ritornato a Roma e al lavoro, con un caldo notevole. Sto meglio. La ricordo e La ringrazio. La prego di salutare Cian.
L'affezionatissimo
C.E. Gadda

[Milano] 22 dic. 1938

Gentile Signora Lucia,
stavo per scriverLe i miei auguri di Natale e buon anno, per Lei e per Cian, quando mi è giunta la Sua lettera. La ringrazio vivamente. Attendo per il gennaio il giudizio sui 2 libri. Credo che non potrò ora recarmi ad Arenzano: sto così così. Se mai, sarà un'apparizione fugace. [...]
I più cordiali saluti a Lei e a Cian e un amichevole pensiero. Scriverò.
C.E.G

I D Le due lingue a confronto

altre espressioni adatte ad aprire / chiudere una lettera	
Stavo per scriverLe.	*Ich wollte Ihnen gerade schreiben. (Ich war im Begriff, Ihnen zu schreiben.)*
Le scrivo per darLe mie notizie.	*Ich schreibe Ihnen, um mal von mir hören zu lassen.*
Dateci vostre notizie! Fatemi avere vostre notizie!	*Meldet euch mal! (Lasst von euch hören!)*

In tutte queste espressioni con la parola notizie, davanti al possessivo non c'è l'articolo.

dare informazioni sulla propria salute	
Come stai?	*Wie geht es dir?*
Sto bene / meglio / benissimo.	*Mir geht es gut / besser / sehr gut.*
Sto male / peggio / malissimo.	*Mir geht es schlecht / schlechter / sehr schlecht.*
Sto così così.	*So lala. Geht so.*
In senso più generico:	
Come va?	*Wie geht's? (Wie läuft's?)*
(Va) bene, grazie.	*Danke, gut!*

❿ *Completate le tabelle ordinando le seguenti espressioni di apertura e chiusura tipiche della corrispondenza informale e formale e traducetele poi in tedesco.*

Ciao! Stammi bene

Egregio Professor Segre

Miei cari

Nell'attesa di una risposta, La saluto cordialmente

Caro Giovanni

Spero di rivederti

Ti abbraccio affettuosamente

Un caro saluto

Gentile Signora Lucia

Distinti saluti

Tanti cari saluti

Ciao, Angela!

Sperando di rivederla presto, Le porgo i miei più cordiali saluti

lettera informale	italiano	tedesco
formule di apertura		
formule di chiusura		

lettera formale	italiano	tedesco
formule di apertura		
formule di chiusura		

G La reggenza dei verbi

Alcuni verbi italiani hanno un'altra reggenza rispetto al tedesco. Tra i più ricorrenti reggono l'oggetto diretto: *ringraziare, seguire, ascoltare, aiutare*.
La ringrazio vivamente, Signor Gadda! = *Ich danke Ihnen herzlich, Herr Gadda.*
L'ascolto volentieri. = *Ich höre Ihnen gerne zu.*
L'aiuteremo noi! = *Wir werden Ihnen helfen.*

Reggono l'oggetto indiretto: *telefonare, chiedere, domandare.*
Le telefono domani. = *Ich rufe Sie morgen an.*
Le vorrei chiedere (domandare) se può venire domani. = *Ich möchte Sie fragen, ob Sie morgen kommen können.*

⑪ *Completate la seguente lettera formale con i* ***pronomi personali*** *mancanti. Trasformatela poi in una lettera informale.*

Milano, 17/11/2006

Gentile Signora,
.... ringrazio molto per i Suoi preziosi consigli. Siccome so che .... piace molto la musica classica, vorrei invitar........ al concerto della Filarmonica della Scala di cui .... avevo parlato.
.... telefonerò appena avrò comprato i biglietti e così potremo anche decidere quando e dove incontrar........
Cordiali saluti e a presto
Giovanni Cuomo

Cara Caterina,

....

....

....

....

....

....

G La posizione dei pronomi personali

I pronomi personali atoni precedono di norma il verbo coniugato tranne che all'imperativo nelle forme del tu, noi e voi. I pronomi si attaccano inoltre all'infinito, al gerundio, al participio passato.
Le scrivo per dirLe che ... = *Ich schreibe Ihnen, um Ihnen zu sagen, dass ...*
Ringraziandola, Le invio (i miei più) cordiali saluti. = *Mit herzlichem Dank und freundlichen Grüßen.*
Con i verbi modali seguiti da infinito abbiamo due possibilità:
Vorrei parlarLe. / Le vorrei parlare. = *Ich möchte mit Ihnen reden.*

⓬ *Mettete i* ***pronomi*** *opportuni al posto giusto. In alcune frasi ci sono due possibilità. Se è necessario attaccare il pronome all'infinito, ricordate di togliere la «e» finale.*

a) Sono lieto di ....vedere........., signor Montini.

b) Ciao, Marco, ho bisogno di .... parlare......... subito.

c) Allora, Signora Bellucci, ... possiamo .... telefonare domani?

d) Ragazzi, sono qui per .... dire........ che domani non c'è lezione.

e) Elisa, la dottoressa Chiarloni vuole .... vedere........

f) Signora Giovanardi, ... vorremmo .... chiedere un piacere.

⓭ *Separate le parole e riscrivete le frasi.*

a) Fammelosaperequantoprima.

....

b) Diteloadaltavoce.

....

c) Ditecidichesitratta.

....

d) Ringraziandolainanticipoleinviocordialisaluti.

....

e) Vuoicheteloripeta.

....

f) Melosappiadire.

....

⓮ *Traducete in tedesco le due brevi lettere di Carlo Emilio Gadda.*

T3 Drei kurze E-Mails

Liebe Katherina,
Deine Neujahrswünsche haben uns inzwischen erreicht. Ich habe mich darüber gefreut und wünsche Dir/Euch für die restlichen 346 Tage auch alles Gute!! Ich hoffe, Euch am nächsten Freitag zu Stefans Geburtstag zu sehen.
Bis dahin viele liebe Grüße
Deine Adelheid

Liebe Gabi, liebe Teresa,
wäret ihr sehr enttäuscht ... böse ... untröstlich ..., wenn wir uns am Montag nicht sähen? Mein Bruder hat sich nämlich gemeldet und will mich am Montag besuchen. Würde es euch auch am Dienstag passen?
Bitte gebt mir möglichst bald Bescheid.
Liebe Grüße
Eure Brigitte

Guten Tag, Herr Rauschenbach!
Würde es Ihnen etwas ausmachen, unseren Termin auf Sonntag zu verschieben? Ich wollte Sie außerdem fragen, ob Sie mir das Buch zurückbringen könnten, das ich Ihnen ausgeliehen hatte. Ich brauche es dringend für eine Übersetzung.
Lassen Sie bitte bald von sich hören!
Mit freundlichen Grüßen
Ihr André Pfeiffer

(D)(I) Le due lingue a confronto

espressioni usate nella corrispondenza privata (prendere accordi, esprimere sentimenti, per firmare)	
Ich habe mich darüber gefreut.	Sono stata/o molto contenta/o. (Gli auguri) mi hanno fatto molto piacere.
Würde der Termin Dir / Euch / Ihnen passen?	Ti / vi / Le andrebbe bene quella data?
Würde es Dir / Euch / Ihnen etwas ausmachen, den Termin auf Montag zu verschieben?	Ti / vi / Le dispiacerebbe spostare l'appuntamento a lunedì?

Deine Adelheid / Eure Brigitte / Ihr André Pfeiffer

Il possessivo davanti alla firma di chi scrive, che troviamo frequentemente nelle lettere tedesche, in italiano è molto raro ed è segno di un rapporto molto stretto.

⓯ *Trovate il corrispondente delle seguenti formule di saluto tedesche e italiane.*

a) Dein ....

b) .... Baci

c) Mit freundlichen Grüßen ....

d) .... Un abbraccio

e) Hochachtungsvoll ....

f) .... Cordialmente

⓰ *Traducete in italiano, con l'aiuto del dizionario e dove possibile, le seguenti formule d'augurio.*

a) Herzlichen Glückwunsch zum Geburtstag! ....

b) Frohe Weihnachten! ....

c) Frohe Ostern! ....

d) Ein glückliches Neues Jahr! ....

e) Schöne Feiertage! ....

f) Viel Spaß! ....

g) Schönen Urlaub! ....

h) Gute Reise! ....

i) Gute Besserung! ....

j) Ich drücke dir die Daumen! ....

k) Schlaf gut! ....

l) Mach's gut! ....

G Il congiuntivo imperfetto nelle frasi secondarie dipendenti da un verbo al condizionale

Quando nella frase principale c'è il condizionale di un verbo che esprime valutazione soggettiva, desiderio o volontà (*sarebbe bello, sarebbe importante, mi piacerebbe, vorrei, ecc.*) o il condizionale di una formula di cortesia (*ti / vi / Le dispiacerebbe*) si ha nella secondaria il congiuntivo imperfetto (per esprimere contemporaneità) o trapassato (per esprimere anteriorità).
Se il soggetto della principale è lo stesso della secondaria abbiamo l'infinito con o senza la preposizione *di* a seconda dei casi.
Vorrei che tu telefonassi ai tuoi genitori. Ma: *Vorrei telefonare ai miei genitori.*
Ti dispiacerebbe se io non venissi? Ma: *Ti dispiacerebbe (di) aprire la porta?*

17 *Completate liberamente le frasi.*

a) Sarei molto contenta se ....

b) Mi piacerebbe moltissimo che ....

c) Le dispiacerebbe se ....

d) Vorrei che ....

e) Sarebbe felice se ....

f) Ci farebbe piacere se ....

g) Non vorrei che ....

✍ ***Traducete in italiano il T3. Confrontate poi la vostra traduzione con quella alla fine del capitolo.***

T4 Ein Brief von Jana an Franziska

München, den 15.03.2009

Liebe Franziska,

wir haben ewig nichts mehr voneinander gehört. Oder wenigstens scheint es mir so.

Wie geht es Dir? Wie war es in New York? Mein Gott, ist das jetzt schon wieder lange her! Ich schäme mich schon ein bisschen, Dir nicht eher geschrieben zu haben. Hier ist in der Zwischenzeit sehr viel passiert, und gerne würde ich mal wieder so richtig mit Dir darüber reden. Vielleicht können wir uns ja mal auf einen Kaffee treffen? Was hältst Du davon? Ich werde Ende April / Anfang Mai mal in Hamburg vorbeischauen und würde mich freuen, Dich zu sehen. Lass mich wissen, ob Du einen Moment Zeit hast.

Das Wichtigste jedoch möchte ich Dir gleich jetzt erzählen. Stell Dir vor, ich habe meine letzte Prüfung glänzend bestanden und bin somit offiziell Jana Krüger, B.A., (was gar nicht so schlecht klingt). Als ‚Belohnung' habe ich einen Sardinienurlaub für Andrea und mich von Mama geschenkt bekommen. Heute Nachmittag geht es los, und ich bin schon schrecklich aufgeregt, wollte ich doch schon immer mal nach Sardinien!

Ansonsten verbringe ich hier meine Zeit ganz fleißig in der Bibliothek, da ich mich im Mai für ein Promotionsstipendium bewerben möchte und deshalb nach einem interessanten Thema suche.

Doch jetzt sind Ferien. Fährst Du auch irgendwohin? Oder musst Du bei Deinen Eltern bleiben? Wie geht es ihnen? Grüß sie herzlich von mir, wenn Du sie siehst.

Ich würde mich riesig freuen, von Dir zu hören, und wer weiß, vielleicht sehen wir uns ja im Mai! Bis dahin umarme ich Dich. Frohe Ostern für Dich und Deine Familie,

Deine Jana

⓲ *Rileggete la lettera e rispondete alle seguenti domande.*

a) Da dove scrive Jana e dove si trova attualmente Franziska?

....

b) Da quanto tempo non si vedono le due amiche?

....

c) Qual è la novità più importante che Jana vuole comunicare all'amica?

....

d) Dove passerà la Pasqua Jana?

....

e) Quando si incontreranno probabilmente le due amiche?

....

altre espressioni tipiche della corrispondenza privata	
München, den 15.03.2009	Monaco, 15 marzo 2009 / Monaco 15/3/2009

Nella corrispondenza in italiano non c'è l'articolo che precede la data. Spesso si indica il mese scrivendolo per intero o si usa la barra per separare giorno, mese e anno.

Das ist schon so lange her.	È già passato così tanto tempo.
Das Wichtigste möchte ich dir gleich erzählen.	La cosa più importante te la voglio raccontare subito.
Stell dir vor, ...	Pensa un po', ... / immaginati che ... / figurati che ...

le espressioni che indicano uno stato d'animo

sich freuen (über) = essere contenta/o (di *qc.*) (*meno frequente* rallegrarsi di *qc.*)

sich freuen (auf) = non vedere l'ora di + *infinito*

Wir freuen uns über das Ergebnis.	Siamo contenti del risultato.
Ich freue mich auf Anton.	Non vedo l'ora di vedere Antonio.

sich schuldig fühlen (für) = sentirsi in colpa (per *qc.*)

Schuldgefühle haben = sentirsi in colpa / avere sensi di colpa

Ich fühle mich ihm gegenüber schuldig.	Mi sento in colpa nei suoi confronti.

böse / sauer / traurig sein = essere arrabbiata/o, triste

aufgeregt sein = essere emozionata/o (per *qc.*)

Sie ist sehr aufgeregt wegen der Prüfung.	È molto emozionata per via dell'esame.

etwas bedauern = essere dispiaciuto (per *qc.*) / mi / ti ... dispiace

Er bedauerte, es gesagt zu haben.	Gli è dispiaciuto (di) averlo detto.

Quando queste espressioni sono seguite da una secondaria, reggono il congiuntivo.

Ich freue mich, dass du die Prüfung bestanden hast.	Sono contenta che tu abbia superato l'esame.
Meine Eltern sind traurig darüber, dass du sie nicht besuchst.	I miei genitori sono dispiaciuti che tu non li vada a trovare.

Se il soggetto della frase principale è lo stesso della secondaria, nella frase secondaria si usa l'infinito preceduto da preposizione (*di, per, per il fatto di*):
Mariuccia è contenta di partire.
Giovanni si sente in colpa per (per il fatto di) non essersi fatto più vivo con Stefania.

⓳ *Traducete in italiano le seguenti frasi facendo attenzione al modo verbale della secondaria.*

a) Ich freue mich, dass du mich besuchen kommst.

....

b) Bist du böse, dass ich mich nicht mehr gemeldet habe?

....

c) Ich bin ein bisschen enttäuscht, dass du meinen Geburtstag vergessen hast.

....

d) Wir freuen uns, dass wir unser Studium abgeschlossen haben.

....

e) Ich bedauere, dass Sie, Herr Meier, den Termin verschoben haben.

....

f) Sie sind sehr aufgeregt, weil morgen ihr erster Arbeitstag ist.

....

⓴ *Completate con le preposizioni mancanti, dove necessario:*

Filippo è contento .... aver finito la scuola, anche se gli dispiace .... non poter vedere più i compagni. Prova felicità .... pensiero .... non doversi più alzare presto la mattina. Adesso deve .... trovare qualcosa .... interessante .... fare, ma non sa ancora bene che cosa. Preferirebbe .... rimandare la decisione e .... fare un lungo viaggio, però non ha abbastanza soldi e in fondo non desidererebbe .... partire da solo. È .... ricerca .... una facoltà universitaria adatta a lui. Gli piace molto .... suonare la chitarra e giocare ....

calcio e a scuola era bravo .... italiano, ma è molto difficile per lui .... prendere una decisione. Quando parla con i suoi ex-compagni di scuola, qualche volta si vergogna un po' .... non avere ancora deciso.

Non vede l'ora .... cominciare la sua nuova vita!

✍ ***Traducete in italiano il T4. Confrontate poi la vostra traduzione con quella alla fine del capitolo.***

T Traduzioni dei testi tedeschi

T3 Tre brevi mail

Cara Katherina,
nel frattempo abbiamo ricevuto i tuoi auguri di buon anno. Mi hanno fatto molto piacere e auguro a te / a voi tante buone cose per i prossimi 346 giorni! Spero di vedervi venerdì prossimo al compleanno di Stefan.
Intanto vi mando cari saluti
Adelheid

Cara Gabi, cara Teresa,
sareste molto deluse ... arrabbiate ... inconsolabili ... se lunedì non ci vedessimo? Mio fratello si è fatto vivo e vuole venirmi a trovare lunedì. Vi andrebbe bene anche martedì?
Fatemelo sapere il più presto possibile!
Un caro saluto
Brigitte

Buongiorno, Signor Rauschenbach,
Le dispiacerebbe se rimandassimo il nostro appuntamento a domenica? Le volevo anche chiedere se mi potesse riportare il libro che Le avevo prestato. Ne avrei urgente bisogno per una traduzione.
Mi faccia sapere qualcosa (mi faccia avere Sue notizie)!
Saluti
André Pfeiffer

T4 Una lettera di Jana a Franziska

Monaco, 15/3/2009

Cara Franziska,

è un'eternità che non ci sentiamo. O per lo meno, così mi sembra.

Come stai? Com'è andata a New York? Dio mio, è già passato tanto tempo. Mi vergogno un po' di non averti scritto prima. Qui sono successe nel frattempo molte cose e mi piacerebbe proprio parlarne un po' con te. Forse ci potremmo incontrare per bere un caffè? Che ne dici? Farò un salto ad Amburgo alla fine di aprile o all'inizio di maggio e sarei felice di vederti. Fammi sapere se hai un momento di tempo.

La cosa più importante, però, vorrei dirtela subito. Immagina un po' che ho superato brillantemente il mio ultimo esame e che di conseguenza sono ufficialmente Jana Krüger, BA, il che non suona per niente male. Come «ricompensa» mia madre ha regalato una vacanza in Sardegna a me e ad Andrea. Partiamo oggi pomeriggio e io sono già molto emozionata. In Sardegna ho sempre voluto andarci!

Per il resto, da brava studentessa (molto diligentemente), passo il mio tempo in biblioteca perché in maggio vorrei far domanda per una borsa di dottorato e perciò sono alla ricerca di un tema interessante. Ma adesso ci sono le vacanze. Vai anche tu da qualche parte? O devi restare con i tuoi genitori? Come stanno? Salutali da parte mia, quando li vedi. Sarei veramente contenta di avere tue notizie e chissà, forse ci vedremo in maggio.

Intanto ti abbraccio. Buona Pasqua a te e alla tua famiglia.

Jana

3 Interviste

Attività comunicative:	chiedere in modo informale e formale dare del tu e del Lei informarsi ed esprimere preferenze, desideri, gusti
Ⓖ **Grammatica:**	articolo determinativo comparativi e superlativi relativi / assoluti modo condizionale periodo ipotetico della possibilità pronomi volere, desiderare, piacere, preferire
🅃 **Testi:**	Testi modello (Italiano ▷ Tedesco): **T1** Intervista a Federico Moccia **T2** Dacia Maraini intervista Goffredo Parise Testi da tradurre (Tedesco ▷ Italiano): **T3** Nicoline, 14 Jahre alt **T4** Paul Maar, Erfinder des Sams, 66, aus Bamberg

T1 Intervista a Federico Moccia

Federico Moccia, autore del bestseller giovanile «Tre metri sopra il cielo», risponde al questionario di «Io donna».

Qual è il tratto principale del suo carattere?

L'istintività.

La qualità che apprezza di più in un uomo?

La chiarezza.

E in una donna?

La femminilità.

Chi è il suo migliore amico?

I «budokani», la banda di ragazzi del mio romanzo.

Qual è il suo principale difetto?

L'intolleranza.

La persona a cui chiederebbe consiglio in un momento difficile?

Mio padre.

Quand'è stata l'ultima volta che ha pianto?

Mi commuovono certi film. Ultimamente ho rivisto Il soldato Ryan.

Il giorno più felice della sua vita?

Quando avrò un figlio.

La materia scolastica preferita?

Italiano.

Il colore preferito?

Il blu.

Il fiore preferito?

La margherita.

La città che le piace di più?

Roma.

Che cosa farebbe se avesse qualche milione di euro?

Mi comprerei una casa dove poter arrivare lasciando il motorino o la macchina aperta in giardino, senza dover cercare un parcheggio.

Chi è il suo eroe?

Ne sono alla ricerca. L'ultimo è stato un professore di italiano delle scuole medie.

Quel che detesta di più?

La stupidità.

Se potesse parlare a quattr'occhi con l'uomo più potente del mondo, che cosa gli direbbe?

Rallentiamo tutto e organizziamoci meglio.

Il dono di natura che vorrebbe avere?

Saper cantare.

Il regalo più bello che abbia mai ricevuto?

Un orologio Bulova da mio padre.

❶ *Dopo aver riletto l'intervista completate questo breve ritratto dello scrittore Federico Moccia con le parole mancanti.*

Lo scrittore Federico Moccia è una persona .... e intollerante. I suoi .... amici sono i ragazzi della .... del suo romanzo. In un momento difficile .... consiglio a suo padre. Qualche volta al cinema si commuove e .... A scuola la sua materia .... era l'italiano. Gli piacciono Roma, il blu e come fiore la .... Vorrebbe avere una casa con giardino dove poter .... il motorino o la macchina aperta. È ancora .... ricerca di un eroe. Il tratto di carattere che detesta .... è la stupidità. Gli piacerebbe .... cantare.

❷ *Traducete in tedesco l'intervista.*

❸ ***Date del tu** all'intervistato e trasformate le domande usando la seconda persona singolare. Qual è il tratto principale del tuo carattere?*

....

....

....

....

....

....

....

Le due lingue a confronto

esprimere preferenze	
Qual è il tuo colore preferito?	*Welche ist deine Lieblingsfarbe?*
La materia preferita di Anna è la matematica.	*Annas Lieblingsfach ist Mathematik.*
Preferisco il blu.	*Ich ziehe Blau vor.*
Qual è la qualità che apprezza di più? La chiarezza!	*Welche Eigenschaft schätzen Sie am meisten? Klarheit!*
Questo è il regalo più bello che abbia mai ricevuto.	*Das ist das schönste Geschenk, das ich je bekommen habe.*

il verbo *piacere*	
Mi piace molto, moltissimo.	*Es gefällt mir gut, sehr gut. / Ich mag es sehr.*
Mi piace di più.	*Es gefällt mir besser. / Ich mag es lieber.*
Questo mi piace più di quello.	*Dieses gefällt mir besser als jenes.*
Mi piace di più (più di tutto, soprattutto).	*Es gefällt mir am besten (am meisten).*

G L'uso dell'articolo determinativo

Al contrario del tedesco in italiano c'è l'articolo determinativo con:

- i nomi astratti che indicano tratti del carattere (*l'istintività, la stupidità*),
- le discipline (*l'arte, la pittura*),
- i nomi dei colori (*il blu, il rosso*),
- i nomi di materia (*l'oro, l'argento*),
- i nomi dei popoli (*i tedeschi, gli italiani*),
- le lingue (*l'italiano, l'inglese*).

4 *Traducete le seguenti frasi in italiano. Decidete se usare o no l'**articolo determinativo**.*

a) Deutsche können oft sehr gut Englisch.

....

b) Für mich ist Pünktlichkeit nicht so wichtig.

....

c) Lauras Lieblingsfarbe ist Orange. Ich mag aber lieber Blau.

....

d) Geduld ist nicht meine Stärke.

....

e) Wasser ist ein kostbares Gut geworden.

....

f) Italiener und Amerikaner essen oft beim Fernsehen.

....

❺ *Traducete in tedesco i seguenti minidialoghi.*

a)

Fra i film di Spielberg quello che mi piace di più (più di tutti) è *Salvate il soldato Ryan*.

....

Davvero? A me *Munich* è piaciuto di più (più di *Salvate il soldato Ryan*).

....

In generale i film di Spielberg mi piacciono più di quelli di Coppola.

....

b)

Quale qualità apprezzi di più in un amico: la generosità o la puntualità?

....

Né l'una né l'altra: la qualità che apprezzo di più (più di tutte, maggiormente) è la sincerità.

....

G Il comparativo e superlativo relativo dell'avverbio *molto* e *più*.

Di norma si usa *di più* quando non c'è un secondo termine di paragone espresso o quando l'avverbio è alla fine della frase. *Quale libro di Calvino ti piace di più? «Le città invisibili» mi piace più di tutti gli altri.*

6 *Completate con **più** o **di più**.*

a) Fra le capitali europee Parigi mi piace molto, ma Vienna mi piace ....
b) Quale dei film di Fellini Le piace ...., signor Puri?
c) A Giovanni piace .... Monaco di Lipsia.
d) Ho comprato poco pane, domani devo comprarne ....
e) Stanotte ho dormito .... del solito.
f) Sei troppo magro, devi mangiare ....
g) Fra gli studenti della nostra classe Tatiana è quella che parla ....
h) Quando ci incontriamo, Riccardo parla .... di tutti gli altri.
i) Il gelato al limone mi piace .... di quello alla fragola.
j) Mi piacerebbe saperne ....

7 ***Congiuntivo nelle frasi relative.** Nella frase relativa introdotta da un superlativo in italiano si usa il congiuntivo. Completate liberamente le seguenti frasi con un superlativo (a–c) e con una frase relativa (d–f). Traducetele poi in tedesco.*

a) Giovanna è la persona .... che io abbia mai conosciuto.
b) Questo è il regalo .... che io abbia mai ricevuto.
c) *La dolce vita* è il film .... che io abbia mai visto.
d) Ugo è la persona più gentile che ....
e) Questo è il libro più noioso che ....
f) Gli affreschi nelle lunette della Cappella Sistina sono i più affascinanti che

....

G Periodo ipotetico della possibilità

Nel periodo ipotetico della possibilità nella frase principale (apodosi) si usa il condizionale, mentre nella frase secondaria introdotta da *se* (protasi) si usa il congiuntivo *imperfetto. Che cosa faresti se avessi un milione di euro?*

8 *Fate delle* ***ipotesi*** *sul vostro futuro, completando con una frase principale al* ***condizionale****.*

a) Se vincessi 50 000 euro alla lotteria, ...

b) Se ci fossero ancora posti, ...

c) Se sapessi guidare, ...

d) Se potessi fare un viaggio di sei mesi, ...

e) Se avessi una casa in Italia, ...

9 *Traducete in italiano le seguenti frasi con il* ***periodo ipotetico****.*

a) Wenn Moccia ganz viel Geld hätte, würde er ein Haus mit Garten in Rom kaufen.

....

b) Wenn ich Politiker wäre, würde ich mich für erneuerbare Energie einsetzen.

....

c) Wir würden öfters ins Kino gehen, wenn wir mehr Zeit hätten.

....

d) Marta hat sich sehr verändert. Ihr wäret überrascht, wenn ihr sie sehen würdet.

....

e) Würdest du mitkommen, wenn ich dir die Reise bezahlen würde?

....

10 *Correggete gli* ***errori*** *contenuti nelle seguenti frasi.*

a) Il mio compositore più preferito è Mozart.
b) Di solito italiani amano chiacchierare.
c) Mio migliore amico abita in Francia.
d) Quale qualità apprezza più in un amico?

e) Blu mi piace più del rosso.
f) Il regalo il più bello che abbia mai ricevuto è un orologio Bulova.
g) Se avrei molti soldi, mi comprerei una casa con giardino.

⓫ *E voi come avreste risposto alle domande del questionario? Fate voi il questionario o fatelo fare ad altre persone confrontando poi le risposte.*

T2 Dacia Maraini intervista lo scrittore Goffredo Parise

Ricordi volentieri la tua infanzia?

Non ci penso quasi mai.

Ti secca parlarne?

No. Anzi mi fa piacere.

Tu sei nato a Vicenza. La tua famiglia è vicentina?

Sì.

Fino a che età hai vissuto a Vicenza?

Fino a diciotto anni.

Era una famiglia numerosa la tua?

No. Eravamo io, mia madre, mia nonna e mio nonno, che però non erano proprio i nonni veri, ma degli zii che avevano adottato mia madre quando era rimasta orfana.

E tuo padre?

Mio padre non l'ho mai conosciuto. Mi hanno detto che era morto. [...]

Tuo nonno che mestiere faceva?

Industriale. Aveva una piccola fabbrica di biciclette. Ma quando sono nato io la fabbrica è fallita. Era il '29.

E siete diventati poveri?

Sì. Ci siamo messi a fare una vita da borghesi impoveriti. [...]

E tu hai sofferto di questo stato di povertà?

Sì. Ma non ci pensavo poi tanto. Avevo un sacco di altre cose da pensare.

Quali cose?

Vivevamo in una casa popolare. Io stavo sempre al davanzale a guardare i ragazzi che giocavano per la strada. A me non era permesso andare a giocare con loro. Questo mi dava da pensare.

Perché non ti facevano andare a giocare per la strada?

Ero figlio unico e mi tenevano molto chiuso. Potevo uscire solo con la mano nella mano di mio nonno. [...]

E tua nonna com'era?

Piccola, bella, di forte temperamento. Collaborava col nonno nell'azienda prima del fallimento. Era anche molto elegante. È morta nel '51. Della morte di mia nonna ho sofferto molto.

Che rapporti avevi con lei?

Molto affettuosi. Era una donna dal carattere duro.

⓬ *Completate le frasi con **l'aggettivo derivato dalla città**, sul modello della domanda formulate nell'intervista: Tu sei nato a Vicenza. La tua famiglia è vicentina?*

a) Tu sei nato a Venezia. La tua famiglia è .... ?

b) Tua madre è nata a Palermo. Anche tu sei .... ?

c) Tu sei nato a Torino. Anche i tuoi fratelli sono .... ?

d) Tu sei nata a Perugia. I tuoi genitori sono .... ?

e) Tu sei nata a Genova. Anche tuo padre è .... ?

⓭ *Riflettete sull'**uso dei tempi** del passato nel T2 e cercate di motivare di volta in volta perché viene usato l'imperfetto, il passato prossimo o il trapassato prossimo.*

⓮ *Trasformate le domande dell'intervistatrice usando la **forma di cortesia**. Rivolgete domande analoghe, dando del «Lei» ad un/a vostro/a compagno/a che risponderà liberamente.*

....

....

....

....

....

....

....

....

Nicoline, 14 Jahre alt

Wo ist dein Lieblingsplatz?
Wenn es sehr kalt ist, sitze ich gerne in meinem Bett. Im Sommer bin ich lieber im nahen Wald auf dem Fahrrad unterwegs oder sitze auf der Terrasse.

Was möchtest du in den nächsten Ferien am liebsten machen?
Ich würde gerne irgendwohin reisen, wo es schön warm ist. Außerdem sollte es am Wasser sein, damit ich mich jederzeit abkühlen kann. [...]

Was würdest du gerne erfinden?
Eine Maschine, mit der man eine Woche verlängern kann. Ich spiele Klavier, Tennis, bin in Schul-AGs und würde gerne noch mehr machen. [...]

Was stört dich am meisten?
Wenn ich angelogen werde. [...]

Was ist dein größter Wunsch?
Ich wünsche mir ein langes und schönes Leben [...].

Was gefällt dir nicht an deiner Stadt?
Dass es Viertel gibt, die schmutzig sind und in denen man ab einer bestimmten Uhrzeit zu Hause bleiben sollte.

Was gefällt dir an deiner Stadt?
Die vielen Grünflächen und dass man alles schnell erreichen kann.

⓯ ***Esprimere preferenze e desideri.*** *Completate le frasi tradotte in italiano.*

a) Meine Lieblingsfarbe ist Hellblau.

Il mio colore .... è ....

b) Jetzt würde ich am liebsten tanzen.

Adesso la cosa che mi .... fare di più è ....

c) Was gefällt euch am meisten an Florenz?

Cosa .... piace soprattutto .... Firenze?

d) Ihr größter Wunsch ist, lange zu schlafen.

.... desiderio .... è dormire ....

e) Wärest du gerne älter?

Ti .... essere ....?

⓰ ***Superlativi / Preferenze****. Una delle tre traduzioni* ***non*** *è corretta. Quale?*

a) Am liebsten mag ich Zitroneneis.

① Più di tutti mi piace il gelato al limone. ❑
② Il mio gelato il più preferito è quello al limone. ❑
③ Il gelato al limone è il mio gelato preferito. ❑

b) Was ist dein größter Wunsch?

① Qual è il tuo desiderio più grande? ❑
② Qual è la cosa che desideri di più? ❑
③ Qual è il tuo desiderio il più grande? ❑

c) Welches ist dein Lieblingsessen?

① Qual è il tuo piatto preferito? ❑
② Qual è il tuo mangiare favorito? ❑
③ Cosa ti piace mangiare più di tutto? ❑

d) Was würdest du gerne machen?

① Cosa vorresti volentieri fare? ❑
② Cosa ti piacerebbe fare? ❑
③ Cosa avresti voglia di fare? ❑

e) Was stört dich am meisten an deinen Freunden?

① Cosa ti dà maggiormente fastidio dei tuoi amici? ❑
② Cosa ti disturba al di più dei tuoi amici? ❑
③ Qual è la cosa che ti dà più fastidio dei tuoi amici? ❑

D I Le due lingue a confronto

Nelle frasi **interrogative prima di *piacere*** non c'è in italiano l'avverbio *come*.	
Wie gefällt dir die Stadt?	Ti piace la città?

L'espressione equivalente a **etwas lieber haben / machen** è di solito *preferire*:	
Ich gehe lieber zu Fuß.	Preferisco andare a piedi.
Trinkst du lieber Tee oder Kaffee zum Frühstück?	A colazione, preferisci bere tè o caffè?

sich wünschen corrisponde spesso a *desiderare*, *piacere* o *volere*:	
Zu ihrem fünfzehnten Geburtstag wünscht sich Ellen eine neue Tasche.	Per il suo quindicesimo compleanno Ellen vorrebbe avere (desidera) una borsa nuova.

Ich wünschte mir, dass du geduldiger wärest.	Vorrei (Mi piacerebbe) che tu fossi più paziente.
Er hätte sich sicher ein besseres Ergebnis gewünscht.	Si aspettava (Si augurava) certo un risultato migliore.

⑰ *Esprimere* ***desideri, preferenze, gradimento****. Traducete in italiano le frasi seguenti.*

a) Wie gefällt es dir hier? ....

b) Was gefällt dir nicht an deiner Stadt? ....

c) Was würdest du gerne machen? ....

d) Was möchtest du in den nächsten Ferien am liebsten machen? ....

e) Im Sommer bleibe ich lieber zu Hause. ....

f) Ich würde gerne irgendwohin reisen. ....

g) Ich lese gerne in meinem Bett. ....

h) Wie hat euch der Film gefallen? ....

i) Zum Geburtstag wünsche ich mir ein Fahrrad. ....

j) Ich wünsche mir, dass du mitkommst. ....

✍ ***Traducete in italiano il T3. Confrontate poi la vostra traduzione con quella alla fine del capitolo.***

T4 Paul Maar, Erfinder des Sams, 66, aus Bamberg

Was haben Sie als Kind am liebsten gemacht?
Gegessen. […]

Wo war Ihr Lieblingsspielplatz?
Die Wiesen am Fluss.

Was gefällt Ihnen am Sams am meisten?
Dass es sich nicht einschüchtern lässt. […]

Was ist Ihre schönste Kindheitserinnerung?
Die erste Tafel Schokolade meines Lebens, aus einem amerikanischen Carepaket.

Was ist Ihre schlimmste Kindheitserinnerung?
Als eine Brandbombe unser Haus traf und wir umziehen mussten. […]

Wie alt wären Sie jetzt gerne?
Genauso alt wie ich jetzt bin.

Welches ist Ihr Lieblings-Kinderbuch?
Pu, der Bär. [...]

Was hätten Sie gerne anders gemacht?
Eigentlich nichts, denn letztlich lernt man auch durch Fehler.

D I Le due lingue a confronto

allocutivi e titoli

Attenzione! Se i titoli *signore, dottore, professore, ingegnere, cavaliere* sono seguiti dal nome, la «e» finale cade. *Buon giorno, signor Salvini!* Ma: *Buongiorno signore!*
E per il femminile?

Herzlich willkommen, Frau Doktor Berg!	Benvenuta, dottoressa Berg!

Quando si parla di una terza persona, senza rivolgersi direttamente ad essa, il titolo è preceduto dall'articolo:

Da kommt Herr Salvini.	Ecco che arriva il signor Salvini.
Herr Direktor möchte nicht gestört werden.	Il direttore non vuole essere disturbato.

18 *La* ***forma di cortesia****. Indicate la traduzione corretta.*

a) Was kann ich für Sie tun, Herr Doktor Soru?

① Cosa posso fare per Lei, dottore Soru? ❑
② Cosa posso fare per Lei, dottor Soru? ❑

b) Hätten Sie gerne einen anderen Beruf?

① Gli piacerebbe fare un'altra professione? ❑
② Le piacerebbe fare un'altra professione? ❑

c) Würden Sie bitte die Tür schließen?

① Le dispiacerebbe chiudere la porta? ❑
② La dispiacerebbe chiudere la porta? ❑

d) Wie alt wären Sie gerne, Frau Berg?

① Che età vorrebbe avere, la signora Berg? ❑
② Che età vorrebbe avere, signora Berg? ❑

e) Welches ist Ihre wichtigste Eigenschaft, Herr Maar?

① Qual è la Sua qualità principale, signor Maar? ❑
② Qual è la Vostra qualità principale, signor Maar? ❑

f) Guten Tag, Herr Bencivenga! Erzählen Sie uns bitte, wie Ihr erstes Buch entstanden ist.

① Buon giorno, signor Bencivenga. Raccontici com'è nato il Suo primo libro. ❑

② Buon giorno, signor Bencivenga. Ci racconti com'è nato il Suo primo libro. ❑

⓳ *La **forma di cortesia**. Traducete in italiano le frasi seguenti.*

a) Frau Roth, welches ist Ihr Lieblingsrestaurant?

....

b) Guten Tag, Herr Maar! Würden Sie bitte ein paar Fragen beantworten?

....

c) Wie gefällt es Ihren Kindern in unserer Stadt, Frau Calzecchi?

....

d) Hätten Sie Lust auf einen Spaziergang, Herr Doktor?

....

e) Doktor Scajola, sehen Sie gerne fern?

....

f) Essen Sie gerne Pilze?

....

g) Mögen Sie lieber Romane oder historische Bücher, Frau Doktor Bruni?

....

h) Welche Bücher lesen Sie am liebsten, Herr Rechtsanwalt?

....

⓴ *Completate la tabella con le forme mancanti del* ***pronome personale atono.***

soggetto	oggetto diretto	oggetto indiretto	riflessivo	possessivo
io	mi	mi	mi	mio, mia, miei, mie
tu		ti	ti	tuo, tua, ..., tue
lui	lo		si	suo, sua, suoi, sue
lei, Lei		le		suo, sua, suoi, sue
noi	ci	ci	ci	nostro, -a, -i, -e
voi	vi		vi	vostro, -a, -i, -e
loro	li, le	gli		il / la / i /le ...

G I pronomi nella forma di cortesia

Usando la forma di cortesia si usa il *Lei* al singolare (anche per gli uomini!) ed il *Voi* al plurale. La 3 pers. pl., *Loro*, è sentita ormai come molto formale. I pronomi nella forma di cortesia si scrivono maiuscoli, soprattutto nelle lettere, ma sempre più frequentemente si trovano minuscoli.

Che piacere vederla (vederLa), signor Salvi!
Scusi, professore, posso mandarLe (mandarle) la tesina via mail?
Caro dottor Mancini, rispondo alla Sua lettera e Le scrivo per comunicarLe che verrò a trovarLa la settimana prossima.

㉑ *Marcate la forma corretta.*

a) Ha già letto la mail che Le / La ho inviato ieri?
b) Mi scusi se non l'ho avvertita / gliel'ho avvertita prima, signora Savini.
c) Che piacere vederli! / vedervi! Perché non venite a bere qualcosa da noi?
d) Lo / La trovo bene, Dottore!
e) Si sieda / Siedasi, La prego.
f) Come sta Loro / Vostro figlio?
g) Ho cercato di telefonarLe / telefonarLa ieri, ma da Lei non rispondeva nessuno.
h) Non preoccuparsi / Non si preoccupi, penso a tutto io!

✍ ***Traducete in italiano il T4. Confrontate poi la vostra traduzione con quella alla fine del capitolo.***

Traduzioni dei testi tedeschi

T3 Nicoline, 14 anni

Dov'è il tuo posto preferito?
Quando fa molto freddo mi piace starmene seduta a letto. D'estate preferisco girare con la (in) bici nel bosco vicino o starmene seduta in terrazzo.
Cosa ti piacerebbe fare più di tutto durante le prossime vacanze?
Mi piacerebbe fare un viaggio in un paese caldo. Poi dovrebbe essere vicino all'acqua, per potermi rinfrescare quando voglio. [...]
Cosa ti piacerebbe inventare?
Una macchina con cui si può allungare la settimana. Suono il pianoforte, gioco a tennis, sono in vari gruppi di lavoro a scuola e mi piacerebbe fare ancora di più. [...]
Qual è la cosa che ti dà più fastidio?
Quando mi dicono bugie [...].
Qual è il tuo più grande desiderio?
Vivere una vita lunga e bella [...].
Cosa non ti piace della tua città?
Che ci sono quartieri sporchi dove, da una certa ora in poi, è meglio starsene a casa.
Cosa ti piace della tua città?
I molti spazi verdi e che si arriva presto dappertutto.

T4 Paul Maar, creatore del Sams, 66 anni, di Bamberga

Cosa le piaceva fare più di tutto da bambino?
Mangiare. [...]
Qual era il Suo posto preferito per giocare?
I prati vicino al fiume.
Qual è la cosa che Le piace di più del Sams?
Che non si lascia intimidire. [...]
Qual è il Suo più bel ricordo d'infanzia?
La prima tavoletta di cioccolata della mia vita, da un pacco di aiuti dei soldati americani.
Qual è il Suo ricordo d'infanzia più brutto?
Quando è caduta una bomba [incendiaria] sulla nostra casa e ci siamo dovuti trasferire. [...]
Quanti anni vorrebbe avere?
Proprio gli anni che ho adesso.
Qual è il Suo libro per l'infanzia preferito?
Winnie Puh. [...]
Cosa avrebbe fatto diversamente?
Veramente niente, perché in fondo si impara anche dagli errori.

4 Biografie

Attività comunicative: esporre in ordine cronologico tappe della vita e della carriera professionale

G Grammatica:
connettivi temporali
frase implicita participiale
nomi femminili di professioni
nominalizzazione
tempi del passato

T Testi:
Testi modello (Italiano ▷ Tedesco):
T1 Biografia dello scrittore Carlo Emilio Gadda
T2 Biografia del pittore Simone Martini

Testi da tradurre (Tedesco ▷ Italiano):
T3 Biografia dello scrittore Goffredo Parise
T4 Biografia di Katharina

T1 Carlo Emilio Gadda, scrittore

Nasce a Milano nel 1893 e combatte con gli alpini nella prima guerra mondiale. Nel '17 è prigioniero in Germania. La vocazione narrativa di Gadda è già evidente nel *Diario di guerra e di prigionia* scritto in quel periodo. Laureatosi nel 1920 in Ingegneria, esercita per parecchi anni la professione di ingegnere in Argentina, Germania, Francia oltre che in Italia. Pubblica i primi articoli su «Solaria» nel '26. Nel '31 pubblica *La Madonna dei filosofi*. Vive gli 'anni belli' della sua vita a Firenze, dal '40 al '50. Nel '44 esce l'*Adalgisa*. Nel '50 si trasferisce a Roma. Il punto d'arrivo del lungo lavoro di ricerca è nei due grandi capolavori: *Quer pasticciaccio brutto de via Merulana* del '57 e *La cognizione del dolore* del '63. Muore nel 1973 a Roma.

I D Le due lingue a confronto

le date

In italiano l'anno è preceduto dall'articolo ed eventualmente dalla preposizione:

È nato / Nacque nel 1893.	*Er wurde 1983 geboren.*
Se è espresso il giorno:	
È nato il 15 novembre 1893.	*Er wurde am 15. November 1893 geboren.*
Il 2008 non è stato un anno buono per me.	*2008 ist kein gutes Jahr für mich gewesen.*
Dal 1940 al 1950 è vissuto / visse a Firenze.	*Von 1940 bis 1950 lebte er in Florenz.*

❶ ***Stile nominale****. Completate la vita di Gadda con gli eventi citati nella biografia letta qui sopra, espressi però con sostantivi.*

1893 ....

1917 *Prigionia in Germania*

1920 ....

1931 ....

1940–50 *Soggiorno a Firenze*

1950 ....

1957 e 1963 Prima edizione di *Quer pasticciaccio brutto de via Merulana* e de *La cognizione del dolore*.

1973 ....

❷ *Completate liberamente questa breve biografia immaginaria di una scrittrice di successo:*

È nata ...., dove ha trascorso i primi anni della sua vita.
.... si è trasferita ....,
qui si è laureata in .... ed ha esercitato la professione di
.... in un liceo cittadino. A 26 anni ....
il suo primo romanzo, per il quale ....
In seguito ....
Attualmente collabora .... e cura ....

Ⓖ I tempi delle biografie

Come nella biografia dello scrittore Carlo Emilio Gadda, anche in italiano parlando o scrivendo di fatti del passato si può usare il presente, il cosiddetto **presente storico**.

Presentando delle informazioni biografiche al passato, si può seguire questa regola: usare il **passato prossimo** per persone ancora vive e il **passato remoto** per persone già morte. Tuttavia anche all'interno dello stesso testo biografico non è escluso trovare l'alternanza di passato remoto e passato prossimo (*Nacque ..., si trasferì ..., iniziò la carriera ..., recentemente ha pubblicato ...*). Si usa il passato prossimo quando gli effetti dei fatti narrati sono percepiti come ancora rilevanti nel presente.

A volte si può anche incontrare l'imperfetto laddove sarebbe da aspettarsi un perfetto (*Gadda nasceva ..., si laureava ..., scriveva ...*), si tratta del cosiddetto **imperfetto narrativo**, una variante stilisticamente marcata con cui si intende dare una maggiore immediatezza e vivacità ai fatti narrati. Agli studenti stranieri, che non hanno come lingua di partenza una lingua romanza e che devono apprendere la fondamentale differenza tra uso aspettuale perfettivo e imperfettivo dei tempi del passato in italiano, è «vietato» l'uso dell'imperfetto narrativo!

❸ *La biografia di Gadda è scritta nel presente storico. Trasformate le forme verbali dal presente al passato. Coniugate i verbi sia al* ***passato prossimo****, sia al* ***passato remoto****.*

Presente	Passato prossimo	Passato remoto
a) nasce	è nato	nacque
b) combatte		
c) è prigioniero		
d) esercita		
e) pubblica		
f) vive		
g) esce		
h) muore		

T2 Simone Martini, pittore

Nato a Siena nel 1284 e attivo in città dal secondo decennio del '300, Simone Martini si formò, probabilmente, lavorando nella bottega di Duccio. Sentì anche il fascino delle sculture di Giovanni Pisano. Entrò ben presto in contatto con gli ambienti di cultura gotica francese, inaugurando quel linearismo che doveva condurre fino a capolavori come l'*Annunciazione* (1333), ora conservata a Firenze nella galleria degli Uffizi. Tre anni più tardi si trasferì ad Avignone come pittore alla corte papale di Benedetto XII. Conobbe il Petrarca cui lo legò un'intensa amicizia.

I D Le due lingue a confronto

i secoli	
il '300 / il Trecento (solo per i secoli dal 1200 al 2000) / il XIV sec.	*das 14. Jahrhundert*
nel terzo (III) secolo avanti Cristo (a.C.) / dopo Cristo (d.C.)	*im dritten Jahrhundert vor / nach Christus*
un ritratto ottocentesco / dell'Ottocento	*ein Porträt aus dem 19. Jahrhundert*
un poeta del primo / tardo '900	*ein Dichter des frühen / späten 20. Jahrhunderts*
un romanzo scritto a cavallo tra i due secoli	*ein Roman, der um die Jahrhundertwende entstand*

i decenni	
gli anni Venti (gli anni '20)	*die Zwanziger Jahre*

l'anno	
sei mesi	*ein halbes Jahr*
il trimestre	*das Quartal*

❹ *Traducete in italiano le seguenti* ***determinazioni di tempo****.*

a) am 15.1.2003

....

b) 1990 bis 1999

....

c) im Laufe des Jahres 2005

....

d) in den folgenden Jahren

....

e) ein halbes Jahr später

....

f) im 13. Jahrhundert

....

g) 30 Jahre lang

....

h) in der zweiten Hälfte des 19. Jahrhunderts

....

i) Anfang der 70er Jahre

....

j) in der Nachkriegszeit

....

5 *Traducete in tedesco la biografia di Simone Martini.*

G **Alcuni connettivi temporali** (avverbi, congiunzioni, locuzioni preposizionali) che scandiscono le tappe di una biografia

- *inizialmente, in un primo tempo, dapprima*
- *poi, dopo, successivamente, in un secondo tempo, in seguito*
- *in quel periodo, nello stesso periodo, contemporaneamente*
- *ben presto, fin da subito*
- *da allora (in poi), a partire da*
- *fino a*
- *recentemente, negli ultimi tempi, attualmente*
- *infine, alla fine*

6 *Traducete le seguenti frasi, proponendo, dove possibile, delle varianti per i* ***connettivi temporali****.*

a) Ab 1896 studierte er Kunstgeschichte.

Dal 1896 / A partire dal 1896 studiò storia dell'arte.

b) Zuerst blieb er in München.

....

c) Bald wurde sie berühmt.

....

d) Seit 1995 lebt er in Rom.

....

e) Später entwickelte sie eine neue Methode.

....

f) Bis zu seinem Tod schrieb er weiter.

....

g) Heute wohnt sie in London.

....

h) Vor zwei Jahren hat sie geheiratet.

....

i) Neulich wurde eine Ausstellung über sie eröffnet.

....

j) Schließlich bekam er den Nobelpreis.

....

G La frase implicita participiale

La frase implicita participiale, molto usata nelle biografie, ha quasi sempre una funzione temporale, esprime anteriorità. Il participio precede il nome e si accorda con esso. Eventuali pronomi si attaccano al participio.

Dopo che ha finito la scuola, si iscrive all'università. → *Finita la scuola, si iscrive all'università.*
Conosce Petrarca e ne diventa amico. → *Conosciuto Petrarca, ne diventa amico.*
Dopo che si è trasferito a Pisa per intraprendere gli studi di fisica, ha scoperto la passione per la scrittura. → *Trasferitosi a Pisa per intraprendere gli studi di fisica, ha scoperto la passione per la scrittura.*

7 *Sostituire la prima delle due proposizioni con un* ***participio passato****.*

a) Torna dalla guerra e si laurea in ingegneria.

....

b) Si laurea in ingegneria ed esercita per molti anni la professione di ingegnere.

....

c) Pubblica i primi articoli su *Solaria* e comincia ad essere conosciuto.

....

d) Nel '50 si trasferisce a Roma e si dedica alla scrittura di *Quer pasticciaccio brutto de via Merulana.*

....

e) Dopo aver lasciato l'Argentina, ritornò in Italia.

....

f) Simone Martini nacque a Siena e qui iniziò la sua carriera di pittore.

....

g) Entrò in contatto con pittori francesi e ne subì l'influenza.

....

h) Dipinse vari affreschi ad Assisi e ritornò poi a Siena.

....

T3 Goffredo Parise

Goffredo Parise wurde am 8.12.1929 in Vicenza geboren, wo er seine Kindheit und Jugend verbrachte. 1948 siedelte die Familie nach Venedig über. In Padua besuchte Parise die Universität, die er aber schon 1951, nach einem kurzen Studium der Medizin und Mathematik, wieder verließ, um als Journalist und Schriftsteller zu arbeiten. Im selben Jahr veröffentlichte er bei Neri Pozza seinen ersten Roman, *Der tote Knabe und die Kometen*. 1952 ging Parise nach Mailand, weil er eine Anstellung bei Garzanti gefunden hatte. Bald war er einer der bekanntesten Auslandsreporter Italiens und arbeitete vorwiegend für den *Corriere della Sera*. Seit 1960 lebte Parise in Rom, wo er neben weiteren Romanen und Erzählungen in Zusammenarbeit mit Fellini und Marco Ferreri mehrere Drehbücher schrieb.

Sein Roman- und Erzählungswerk setzte Parise bis zu seinem Tod fort. 1982 erschien sein letztes Buch, eine Fortsetzung des *Sillabario*, seiner bereits 1972 erschienenen Sammlung von Prosagedichten, zu deutsch *Fibel der Gefühle – Sillabario*. Am 30.8.1986 starb Goffredo Parise nach langer, schwerer Krankheit im Alter von 57 Jahren in Vicenza.

❽ *Quale delle due traduzioni è corretta?*

a) Italo Calvino wurde auf Kuba geboren.

① Italo Calvino nacque a Cuba. ~ ❑
② Italo Calvino fu nato a Cuba. ~ ❑

b) Er kam am 15.10.1923 zur Welt.

① Venne al mondo al 15.10.1923. ❑

② Venne al mondo il 15.10.1923. ❑

c) Er verbrachte seine Jugend in Ligurien.

① Trascorse la sua giovinezza in Liguria. ❑

② Spese la sua giovinezza in Liguria. ❑

d) Er arbeitete vorwiegend als Journalist.

① Lavorò soprattutto come giornalista. ❑

② Lavorò soprattutto quanto giornalista. ❑

e) Später wurde er bei Einaudi eingestellt.

① In seguito fu assunto di Einaudi. ❑

② In seguito fu assunto da Einaudi. ❑

f) Er ist wahrscheinlich der bekannteste italienische Schriftsteller der Nachkriegszeit.

① È forse lo scrittore italiano il più famoso del dopoguerra. ❑

② È forse lo scrittore italiano più famoso del dopoguerra. ❑

g) Sein letztes Buch erschien nach seinem Tod.

① Il suo ultimo libro pubblicò postumo. ❑

② Il suo ultimo libro uscì postumo. ❑

D I Le due lingue a confronto

l'età: mit + *Alter* = a + *età* / im Alter von .... = all'età di .... anni

mit 18 bin ich ausgezogen	a 18 anni me ne sono andata di casa
Dieter Fromm, 37, Lehrer	Dieter Fromm, un insegnante di 37 anni (D.F., 37 anni, insegnante, D. F. è insegnante ed ha 37 anni).
der siebenundzwanzigjährige Mann	il giovane ventisettenne (il giovane di ventisette anni)
eine Frau um die vierzig	una donna sui quaranta (sui quarant'anni, di una quarantina d'anni)
Als Sechsjährige kam sie nach München.	All'età di sei anni venne a Monaco. (Venne a Monaco quando aveva sei anni.)

❾ *Traducete in italiano le seguenti frasi in cui sono formulate* ***età*** *e* ***fasi della vita****. Usate, quando incontrate un tempo perfettivo, il* ***passato remoto****.*

a) Im Alter von 20 bis 22 Jahren besuchte er ohne Erfolg die Universität in Padua.

b) Mit 23 Jahren ist er nach Mailand gezogen.

c) Als junger Mann fing er an, Artikel für die lokale Zeitung zu schreiben.

d) Im Alter von 26 Jahren veröffentlichte er seine erste Reportage für den *Corriere della Sera*.

e) 1966 fuhr er nach China.

f) Als er starb, war er noch keine sechzig Jahre alt.

g) Auf dem Foto sieht er wie ein Zwanzigjähriger aus, war aber bereits um die dreißig.

h) Andrea Zanzotto, 87, Dichter, kannte Parise gut.

❿ *Traducete soltanto le parti sottolineate delle seguenti biografie. Trattandosi di personaggi ormai storici per esprimere azioni perfettive è preferibile il* ***passato remoto****. Potete però usare in alternativa il* ***passato prossimo*** *se intendete «attualizzare» la biografia.*

Maria Montessori (1870–1953) studierte Medizin in Rom. Später entwickelte sie eine neue Methode zur Ausbildung behinderter, dann nicht behinderter Kinder. 1907 entstand die erste «Montessori-Schule» in Rom. Ab 1911 gab es weitere in vielen europäischen und außereuropäischen Ländern. In Italien wurden diese Schulen von den Faschisten geschlossen.

Studiò / ha studiato medicina a ....

....

....

....

Wassily Kandinsky (1866–1941) entschied sich nach seinem Jura-Studium dazu, Maler zu werden. Ab 1896 studierte er deshalb Kunst in München. Bedeutenden Einfluss auf diese Entscheidung hatte wohl eine Ausstellung französischer Impressionisten, die er zuvor gesehen hatte. 1910 entstand Kandinskys erstes abstraktes Aquarell. 1911 wurde er Mitglied der Künstlergruppe «Der blaue Reiter», 1925 Meister am Bauhaus, 1933 musste er als «entarteter Künstler» emigrieren.

....

....

....

Maria Callas (1923–1977) studierte Gesang in Athen. 1942 sprang sie als «Tosca» ein und erregte ungeheures Aufsehen. Zum Star wurde sie in Italien und galt als führende Sopranistin an den Opernbühnen Europas und der USA. Sie heiratete ihren Freund und Förderer, den fast 30 Jahre älteren Giovanni Meneghini. Nach ihrer Scheidung begann sie eine Affäre mit Aristoteles Onassis.

....

....

....

D I Le due lingue a confronto

il verbo *werden*

Usato come ausiliare nella formazione del **passivo,** si traduce in italiano con *essere* o, nei tempi semplici, *venire*.

Die Schule wurde von M. Montessori gegründet.	La scuola fu fondata (venne fondata) da M. Montessori.

Negli altri casi corrisponde a *diventare, fare* + professione, o a verbi specifici:

Er wurde berühmt.	È diventato famoso.
Er will Lehrer werden.	Vuole fare l'insegnante.

Ich wurde krank.	Mi sono ammalato.
Man wird dumm, wenn man zu lange vor dem Computer sitzt.	Si rincretinisce a star seduti troppo a lungo davanti al computer.

⓫ *Traducete le seguenti frasi contenenti il verbo* ***werden****.*

a) Er wurde Schauspieler wie sein Vater.

....

b) In Italien wurden die Montessori-Schulen von den Faschisten geschlossen.

....

c) Die Callas wurde eine weltbekannte Sopranistin an der Scala in Mailand.

....

d) Was willst du werden, wenn du groß bist?

....

e) Musik ist unser Leben. Wir wollten schon immer Musiker werden.

....

f) Mit 40 wurde sie schwer krank.

....

g) Viele seiner Bilder wurden von amerikanischen Sammlern gekauft.

....

h) Einige Jahre später wurde er verrückt.

....

i) Sie wurde nie müde, für ihre Ideen zu kämpfen.

....

j) Seine Bücher werden heute noch von Kindern in der ganzen Welt gelesen.

....

✍ ***Traducete in italiano il T3. Confrontate poi la vostra traduzione con quella alla fine del capitolo.***

T4 Katharina

Sieben Jahre hat sie bei *zitty* in der Redaktion gearbeitet, nun hat sich Katharina Fröhlich, 43, selbstständig gemacht als freiberufliche Grafikerin und Übersetzerin. In Wuppertal geboren, kam sie als Fünfjährige nach Berlin, weil ihr Vater als Solo-Fagottist eine Anstellung beim Deutschen Symphonie Orchester bekam. Katharina ging zur Schule, lernte Klavier und bekam Ballettunterricht. Eigentlich wollte sie Tänzerin werden. Stattdessen studierte sie Amerikanistik, ging mit 19 Jahren in die USA – und ist einfach dort geblieben. Mit dem Greyhound-Bus fuhr sie quer durch die Staaten bis zur Westküste. Dort arbeitete sie auf dem Bau, fuhr zur See als Hochseefischerin und machte eine Ausbildung zur Köchin. Mit 23 kam sie nach Deutschland zurück, studierte weiter, begann mit Übersetzungsarbeiten und arbeitete für die US-Army als Management-Assistentin. Mit 28 Jahren studierte sie noch einmal – Informatik. Heute lebt sie mit ihrer sechsjährigen Tochter Julia. Sie hat gerade ein Kinderbuch illustriert, das *zitty*-Mitarbeiterin Gabi Weber geschrieben hat. Dafür suchen sie zurzeit noch einen Verlag.

⓬ *Rispondete alle seguenti domande relative alla biografia di Katharina.*

a) Dov'è nata?

....

b) Perché ha lasciato la città natale?

....

c) Ha imparato a suonare uno strumento?

....

d) Che professione avrebbe voluto fare?

....

e) Dove è andata a 19 anni?

....

f) Elencate alcuni dei lavori che ha svolto nella sua vita.

....

g) Che tipo di studi ha seguito?

....

h) Vive sola?

....

i) Qual è il suo più recente impegno lavorativo?

....

Ⓖ I nomi di professioni e la formazione del femminile

Oltre alle regolari desinenze in *-a/-o* ed *-e* (*l'operaia/o, la/il cantante*) esistono anche le seguenti terminazioni:

-ista: il / la giornalista (pl. *i giornalisti / le giornaliste*)
-tore / -trice: attore / attrice, moderatore / moderatrice

Il suffisso *-essa* per formare il femminile è usato per sostantivi ormai consolidati come *dottoressa, professoressa, studentessa, principessa, poetessa.* Questo suffisso non sembra però affermarsi per professioni dove la presenza di donne è più recente. Per esempio ad *avvocatessa* si preferisce *avvocato.*

Non molto diffusa è la forma *donna magistrato, donna poliziotto (la poliziotta).*

Per alcune professioni e cariche che le donne hanno conquistato solo in anni recenti si usano sia la forma maschile sia quella femminile: *Alice è architetto / architetta. Nilde Jotti è stata presidente / presidentessa della Camera dal 1975 al 1992. Marina Morpurgo è stata redattore-capo / redattrice-capo del «Diario». Anna Finocchiaro è senatore / senatrice.*

⓭ *Completate le seguenti frasi inserendo le terminazioni giuste.*

a) Katharina ha una vita profess.............. molto vari.............. e interess...............

b) La maggior... delle donne laureate in lingue straniere fa l'insegn.............., alcune si specializzano e lavorano come interpre.............. e come tradut.............., alcune diventano giornali.............. o consulent.............. editor.............. in una casa editr.............. .

c) Purtroppo ancora oggi le profess........... più interessan........... e remunerat........... sono spesso riservate a........... uomini.

d) Ma anche in Italia ci sono sempre più donne imprendit..........., per esempio nelle industr.............. tessil.............., in aziende vinico.............. e anche nel settore finanzia............ .

e) Per risolvere alcun....... questioni import....... relativ....... all'occupazione femminile in Italia è stato istituito il Ministero delle Pari Opportu...................... .

f) Sono ormai poc.... le donne giovan..... in Italia che scelgono di fare le casalin......... .

⓮ *Trovate il corrispondente tedesco per le seguenti professioni:*

a) operaia .... g) falegname..

b) avvocato .... h) idraulico ....

c) medico .... i) commercialista ....

d) sarta.. j) violinista..

e) barista .... k) vigile urbano..

f) conducente d'autobus .... l) spazzino ....

⓯ *Trovate il corrispondente italiano per le seguenti professioni.*

a) Regisseur .... g) Biologe...

b) Schauspielerin.................................. h) Kassiererin ....

c) Taxifahrer .... i) Richterin ....

d) Angestellter....................................... j) Zahnarzt...

e) Krankenschwester............................ k) Metzger ....

f) Polizistin.. l) Schuster ....

D I Le due lingue a confronto

***Verb* + weiter** = continuare a + *infinito*	
Sie studierte weiter.	Ha continuato a studiare.
Er wollte weiter als Koch arbeiten.	Voleva continuare a lavorare come cuoco.
Lies weiter!	Continua a leggere! (Vai avanti a leggere!)

⓰ *Traducete le seguenti frasi contenenti l'avverbio* ***weiter****.*

a) Sie blieb weiterhin in Köln wohnen.

....

b) Gut! Weiter so!

....

c) Wir brauchen uns nicht weiter um sie zu kümmern.

....

d) Bitte, reden Sie nicht weiter!

....

e) Sie wird weiter als Grafikerin arbeiten.

....

f) Nach einer Unterbrechung arbeitete sie weiter als Journalistin.

....

⓱ *Riconoscere il* ***registro****. Entrambe le traduzioni sono corrette, segnate quella che vi sembra corrispondere più ad un registro formale.*

a) Sie hat sich selbstständig gemacht.

① Svolge un lavoro autonomo. ❑
② Si è messa in proprio. ❑

b) Sie kam als Fünfjährige nach Florenz.

① Aveva cinque anni quando è venuta a Firenze. ❑
② Giunse a Firenze all'età di cinque anni. ❑

c) Ihr Vater bekam eine Anstellung beim Deutschen Symphonie Orchester.

① Suo padre ottenne un impiego presso l'orchestra sinfonica tedesca. ❑
② Suo padre è stato preso dall'orchestra sinfonica tedesca. ❑

d) Katharina bekam Ballettunterricht.

① Katharina ha preso lezioni di ballo. ❑
② Le sono state impartite lezioni di ballo. ❑

e) Sie brach ihr Studium ab.

① Ha interrotto gli studi. ❑
② Ha smesso di studiare. ❑

f) Dort arbeitete sie auf dem Bau.

① Lì ha lavorato in un cantiere. ❑
② Lì ha trovato un'occupazione presso un'impresa edile. ❑

g) Sie machte eine Ausbildung als Köchin.

① Ha imparato il mestiere del cuoco. ❑

② Ha svolto una formazione professionale per diventare cuoca. ❑

h) Sie begann mit Übersetzungsarbeiten.

① Ha iniziato a lavorare come traduttrice. ❑

② Ha cominciato a fare dei lavori di traduzione. ❑

⑱ *Trovate possibilmente almeno due frasi equivalenti alle seguenti frasi tedesche.*

a) Sie arbeitet als Journalistin.

1. ....

2. ....

b) Als Tänzerin hatte sie keinen Erfolg.

1. ....

2. ....

c) Mit 30 wurde sie Mutter.

1. ....

2. ....

d) Sie hat eine Ausbildung als Grafikerin gemacht.

1. ....

2. ....

e) Nach dem Studium lernte sie ihren zukünftigen Mann kennen.

1. ....

2. ....

f) Sie heiratete Luigi kurz nach dem Abitur.

1. ....

2. ....

✍ ***Traducete in italiano il T4. Confrontate poi la vostra traduzione con quella alla fine del capitolo.***

T3 Goffredo Parise

Goffredo Parise nacque l'8.12.1929 a Vicenza, dove trascorse l'infanzia e la giovinezza. Nel 1948 la famiglia si trasferì a Venezia. A Padova Parise frequentò l'università, ma, dopo essere stato iscritto per un breve periodo a Medicina e poi a Matematica, interruppe gli studi già nel 1951 per lavorare come giornalista e scrittore. (A Padova Parise frequentò l'università che lasciò nel 1951 per..., dopo essere stato iscritto...). Nello stesso anno pubblicò da Neri Pozza (presso la casa editrice Neri Pozza) il suo primo romanzo, *Il ragazzo morto e le comete*. Nel 1952 Parise si trasferì a Milano perché era stato assunto alla Garzanti. Ben presto divenne uno dei più famosi corrispondenti italiani dall'estero e lavorò soprattutto per *Il Corriere della Sera*. A partire dal 1960 visse a Roma, dove, oltre a scrivere altri romanzi e racconti, collaborò con Fellini e Marco Ferreri alla realizzazione di numerose sceneggiature.

Fino alla morte Parise portò avanti la sua opera narrativa. Nel 1982 uscì il suo ultimo libro, *Sillabario N.2*, una continuazione del *Sillabario N.1*, raccolta di racconti poetici uscita già nel 1972; il titolo della traduzione tedesca è *Fibel der Gefühle*. Il 30.8.1986 Parise si spense (morì), dopo una lunga e grave malattia, all'età di 57 anni a Vicenza.

T4 Katharina

Per sette anni ha lavorato nella redazione di *zitty*, ora Katharina Fröhlich, 43 anni, si è messa in proprio e lavora come grafica e traduttrice. Nata a Wuppertal, è venuta a Berlino all'età di 5 anni, perché suo padre era stato assunto come fagottista solista all'Orchestra Sinfonica Tedesca. Katharina ha frequentato la scuola, ha imparato a suonare il piano ed ha preso lezioni di ballo. In verità (a dire il vero) voleva diventare ballerina, invece ha studiato americanistica, a 19 anni è andata negli Stati Uniti e ci è rimasta. Con gli autobus Greyhound ha attraversato l'America fino alla costa occidentale. Lì ha lavorato in cantiere, ha fatto pesca d'altura e ha seguito un corso per diventare cuoca. A 23 anni è tornata in Germania, ha continuato gli studi, ha cominciato a fare traduzioni e ha lavorato per l'esercito americano come assistente amministrativa (nel management). A 28 anni si è di nuovo iscritta all'università per studiare Informatica. Oggi vive con la figlia Julia di sei anni. Ha appena illustrato un libro per bambini scritto dalla collaboratrice di *zitty*, Gabi Weber. Per questo libro attualmente stanno ancora cercando una casa editrice.

5 Descrizioni

Attività comunicative: descrivere un quadro e in generale un'immagine
descrivere una città
parlare della collocazione nello spazio
parlare delle proprie impressioni e sensazioni

Ⓖ **Grammatica:** aggettivi di colore
aggettivi indefiniti
aggettivo *proprio*
genere dei sostantivi
posizione degli aggettivi e concordanza
preposizioni di luogo
verbi indicanti stato in luogo e movimento

🆃 **Testi:** Testi modello (Italiano ▷ Tedesco):
T1 Un fine settimana a Torino: misteri e segreti
T2 Le muse inquietanti

Testi da tradurre (Tedesco ▷ Italiano):
T3 Auslandssemester in Turin
T4 Farbenrausch – Mit Kindern Kunst entdecken

T1 Un fine settimana a Torino: misteri e segreti

Imponente e rigorosa, essenziale e lineare. Al primo sguardo Torino è così. Dopo qualche giorno la città mostra invece la sua anima più vera e inaspettata, fatta di forza creativa e di misteri. Torino non è la tipica meta da turista, interessa i curiosi e i visitatori che vogliono conoscere parti importanti della storia, dell'architettura, della cultura italiane. Meta e musa di importanti scrittori, intellettuali e artisti, conserva molti segreti e si mostra lentamente. Molti dei suoi imponenti palazzi e delle chiese in stile barocco e Liberty, parecchi monumenti rinascimentali e neoclassici conservano – si dice – i segreti della tradizione esoterica, storie di fantasmi e importanti reliquie della tradizione cristiana. Una carismatica unione di magia e spiritualità accompagnano il visitatore lungo un itinerario di storie emozionanti. Torino fa parte del triangolo della magia bianca, con Lione e Praga, e di quello della magia nera, con Londra e San Francisco. [...]

Il nostro itinerario alla ricerca del mistero e del curioso comincia dal cuore della magia bianca, con la chiesa della Gran Madre, importante edificio in stile neoclassico sulle rive del Po, di fronte all'imponente Piazza Vittorio Veneto. Due statue davanti alla chiesa, la Fede e la Religione, indicherebbero la presenza nei sotterranei del sacro Graal.

I D Le due lingue a confronto

espressioni usate per descrivere una città	
al primo sguardo / a prima vista	*beim ersten Blick*
ad un esame più attento (accurato), guardando meglio	*beim zweiten Blick, bei näherer Betrachtung*
palazzo	*Palast* (*Palazzo Pitti, il palazzo ducale, un palazzo ottocentesco*) *Wohnhaus* (*un palazzo del centro, un brutto palazzo di periferia, un palazzone*) *Gebäude* (*il palazzo comunale, il palazzo del ghiaccio, il palazzo dello sport*)
monumento	*Denkmal / Monument* (*il monumento ai partigiani*) *Sehenswürdigkeit* (*i monumenti della Firenze rinascimentale*)

epoche artistiche	
il barocco	*der/das Barock*
lo stile Liberty	*der Jugendstil*
il Rinascimento	*die Renaissance*
il neoclassicismo	*der Neoklassizismus*

❶ *Dopo aver letto il T1, completate con le parole mancanti.*

Al primo .... Torino sembra una città rigorosa e lineare, ma ad un esame più .... invece la città rivela un'anima inaspettata e misteriosa. Torino non è la tipica .... turistica. Nei suoi palazzi e monumenti .... conservati i segreti della tradizione esoterica e le reliquie della .... cristiana. Insieme a Lione e Praga, Torino fa parte del .... della magia bianca, con Londra e San Francisco di quello della magia .... Dalla chiesa della Gran Madre, imponente edificio in stile .... si può iniziare un giro alla .... del mistero.

❷ *Ecco delle* ***parole che hanno a che fare con la città****. In ogni elenco c'è un intruso, marcatelo.*

a)	strada	viale	corso	piazza	parco	vicolo
b)	palazzo	casa	edificio	caserma	scuola	ponte
c)	vetrina	edicola	macelleria	farmacia	negozio	supermercato
d)	cinema	teatro	bar	discoteca	stadio	casa
e)	tram	autobus	automobile	taxi	pedone	metropolitana

❸ *Trovate gli* ***aggettivi****.*

a) il palazzo (del Rinascimento) ....

b) la chiesa (del Barocco) ....

c) gli edifici (del Neoclassicismo) ....

d) la facciata (in stile Liberty) ....

e) la tradizione (del cristianesimo) ....

f) la teologia (dell'ebraismo) ....

Ⓖ **Il genere dei sostantivi**

Per evitare problemi di concordanza è importante conoscere il genere di un nome.

1. In rapporto alla desinenza

In italiano sono maschili:

- i nomi con la desinenza *-o*: *il libro, il monumento.* Numerosi sono però quelli maschili in *-a* (quasi tutti quelli in *-ema* e *-ma*): *il fantasma, il problema.*
- i nomi in *-ista* hanno una sola forma al singolare per maschile e femminile: *il/la turista* e due forme al plurale: *i turisti / le turiste.*
- i nomi che terminano con una consonante (di solito nomi di origine straniera): *il bar, lo sponsor, il computer ecc.* Alcuni però sono femminili: *la miss, la star.*

Sono invece femminili:

- i nomi con la desinenza in *-a*: *la penna, la chiesa.*
- i nomi con la desinenza *-i*: *l'ipotesi, la metropoli* (sono nomi di origine greca). Ma alcuni sono maschili: *l'alibi, il brindisi.*
- i nomi che terminano in *-tà* e *-tù.* Ma sono maschili alcuni nomi in *-tù* di origine straniera: *il tutù, il tabù.*
- alcuni nomi in *-o*: *la mano, la radio, la biro.* Sono femminili i nomi che finiscono in *-o* per effetto di abbreviazione: *la moto(cicletta), la foto(grafia), l'auto(mobile).*

I nomi in *-e* possono essere maschili e femminili.
I nomi in *-sione / -zione* sono però sempre femminili: *la decisione, la soluzione.*

2. In rapporto al significato

In italiano sono maschili:

- i nomi degli alberi: *l'arancio, il melo.* Fanno eccezione: *la quercia, la vite* e alcuni altri.
- i numeri: *l'uno, il due,* ecc.

Sono femminili:

- i nomi dei frutti: *l'arancia, la mela.* Numerosi, però, anche i maschili: *l'ananas, il mandarino.*
- i nomi dei continenti, delle città e delle isole: *l'Europa, l'Asia, la moderna Tokio.* Per quanto riguarda le città e le isole ci sono anche nomi maschili*: Il Cairo, il Madagascar.*
- i nomi delle automobili e delle moto: *la Fiat, la Mercedes, la 500, la Yamaha,* ecc.
- le lettere dell'alfabeto: *la a, la b, la c,* ecc.

❹ ***Maschile o femminile?*** *Segnate con una croce il genere dei nomi.*

a) Quella biblioteca sembra quasi un'oasi (M F) nel caos cittadino.
b) L'omicida (M F) di Porta Palazzo non aveva un alibi (M F) per la notte del delitto.
c) L'amministrazione della città di Torino è in crisi (M F).
d) Alla gelateria Roma fanno un ottimo gelato all'ananas (M F).
e) Mia nonna in gioventù (M F) era molto bella.

❺ *Completate in modo opportuno, facendo attenzione alle* ***concordanze****.*

a) Roma, Milano, Torino sono de.......... grand.......... metropol.......... italian..........
b) Torino è considerat.......... anche un........ de........ capital........ europ........ della magia.
c) Ne........ sal........ di Palazzo Madama si possono incontrare .... fantasm........ della famiglia reale.
d) Quest.......... città è ricc.......... di important.......... monument.......... e di palazz.......... barocc.......... e liberty.
e) Per il festival del cinema di Torino quest'anno sono venut.......... moltissim.......... star.......... internazional...........
f) .... Alpi, che contornano .... part.......... nord-occidentale della città di Torino, sono assieme con .... Appennin.......... .... più important........ caten........ montuos........ italian.........
g) Non tutti sanno che la Nutella è .... prodott........ originari........ del Piemonte che si fa con .... nocciol..........

❻ *Attenzione all'accento che può cambiare il significato di una parola! Traducete in italiano le seguenti frasi tedesche che contengono uno dei seguenti sostantivi omografi.*

meta / metà	pero / però	papa / papà	melo / melò
da / dà	Como / comò	casino / casinò	

a) Venedig ist ein typisches touristisches Reiseziel.

....

b) In meinem Garten habe ich einen schönen Birnbaum gepflanzt.

....

c) Euer Zimmer geht zum Hof.

....

d) Die Sommerresidenz des Papstes heißt Castelgandolfo.

....

e) Auf dem Flohmarkt in Turin habe ich eine alte Kommode gekauft.

....

f) Der Film «Titanic» hat mir nicht gefallen: Ich finde ihn zu melodramatisch.

....

g) Sie liebt es, ab und zu ins Spielcasino zu gehen.

....

G L'aggettivo: concordanza e posizione

Gli aggettivi qualificativi in italiano concordano in genere e numero con il sostantivo a cui si riferiscono a prescindere dalla posizione.
Quando un aggettivo si riferisce a due o più nomi, si mette al plurale maschile se i nomi sono maschili (*un tram e un autobus cittadini*), al plurale femminile se i nomi sono femminili (*una casa e una chiesa moderne*) e al plurale maschile se i nomi sono uno maschile e uno femminile (*una strada e un parco periferici*). In un elenco di sostantivi maschili e femminili si evita di mettere il sostantivo femminile accanto alla forma maschile dell'aggettivo.

L'aggettivo qualificativo, in italiano, segue di solito il sostantivo a cui si riferisce. Alcuni aggettivi, però, possono sia precedere sia seguire il nome; in generale si può dire che quando l'aggettivo ha funzione restrittiva, cioè dà al nome caratteristiche particolari che si vogliono mettere in evidenza rispetto ad altre, segue il nome.
L'aggettivo davanti al nome ha invece un valore descrittivo perché attribuisce al nome a cui si riferisce una qualità generica, accessoria:
La bambina prese la bambola vecchia (e non le altre che erano più nuove).
La bambina scelse la vecchia bambola (che aveva da tanto tempo).
L'aggettivo davanti al nome dà al nome una sfumatura soggettiva, descrittiva: *importanti edifici / imponenti costruzioni* vs *edifici importanti / costruzioni imponenti.*

Ci sono inoltre aggettivi il cui significato cambia con determinati sostantivi a seconda della posizione. L'aggettivo prima del nome è usato in senso figurato: *un pover' uomo = ein armer Teufel* vs. *un uomo povero = ein armer Mann.*

Si mettono dopo il nome:
- gli aggettivi che indicano colori, forme, nazionalità, collocazione geografica: *il tavolo rotondo, il pittore russo, l'Italia Settentrionale / Meridionale*.
- gli aggettivi che designano opinioni politiche e fede religiosa: *le idee comuniste, la chiesa protestante, la civiltà cristiana,*
- gli aggettivi accompagnati dagli avverbi *molto, poco, troppo, abbastanza*, ecc.,
- due aggettivi che si riferiscono ad uno stesso sostantivo: *una piazza grande e tranquilla.*

Si mettono sempre prima del nome gli aggettivi indefiniti *molto, poco, tutto, parecchio*, i numerali ordinali e gli aggettivi *ultimo* e *mezzo*.

7 *Nelle seguenti frasi mettete gli* ***aggettivi*** *tra parentesi, dopo averli declinati, nella posizione più opportuna, tenendo conto che in alcuni casi possono stare sia* ***prima*** *sia* ***dopo il nome****, ma che in altri possono solo precederlo o seguirlo.*

a) Il terremoto ha provocato .... danni .... in tutta la zona. (grave)

b) Nelle città d'arte si incontrano molti .... turisti .... (straniero)

c) Che ne diresti di un .... caffè ....? (buono)

d) Le .... canzoni .... sono molto orecchiabili. (popolare)

e) Quel .... castello .... appartiene alla famiglia del duca Monteroni da moltissime generazioni. (vecchio)

f) La casa del .... scrittore .... sorge sulla .... riva .... del fiume. (famoso) (destro)

g) Questa è un'.............. occasione .... (unico)

h) Rinalda ha ancora un .... bambino .... (piccolo)

8 *Traducete in italiano le seguenti frasi, facendo attenzione alla* ***posizione degli aggettivi****.*

a) Diese Stadt hat viele wichtige und bekannte Denkmäler.

....

b) Die Mole Antonelliana ist ein berühmtes Gebäude, das von dem Turiner Architekten Antonelli entworfen wurde.

....

c) Von dort hat man eine wunderbare Sicht über die Stadt und bei gutem Wetter bis zu den Alpen.

....

d) Ursprünglich sollte die Mole Antonelliana als jüdische Synagoge dienen. Der imposante Bau wurde aber aus Kostengründen nicht beendet.

....

e) Bücher zu diesem Thema werdet ihr in der neuen, nicht in der alten Bibliothek finden.

....

f) Das Gebäude ist schön und nicht hässlich, wie du gesagt hast.

....

T2 Le muse inquietanti

Il dipinto fu realizzato nel 1917, quando Giorgio De Chirico si trovava a Ferrara. La città fornisce importanti spunti all'ispirazione dell'artista [...].

In questa tela compaiono gli elementi tipici del De Chirico metafisico: spazi urbani vuoti con prospettive deformate e manichini al posto di persone. Entrambi gli elementi hanno la funzione di devitalizzare la realtà.

La scena del quadro è una piazza: tuttavia al posto della pavimentazione ci sono delle assi di legno che ci ricordano un palcoscenico. Sullo sfondo appare a destra il castello Estense di Ferrara, sulla sinistra c'è invece una fabbrica con delle alte ciminiere. Essi rappresentano la polarità antico-moderno, ma entrambi gli edifici appaiono vuoti ed inutilizzati: il castello ha le finestre buie, segno che non è abitato, mentre la fabbrica ha le ciminiere che non fumano, segno che in realtà non vi si svolge nessuna funzione lavorativa. Da notare che le due metà del quadro sono viste da punti di vista diversi: un punto di vista alto per la parte inferiore, mentre la parte superiore è rappresentata da un punto di vista più basso. Questa caratteristica era molto presente nella pittura tedesca e fiamminga del Quattrocento.

❾ *Cercate nel testo le parole corrispondenti.*

a) Gliederpuppe ....

b) Bühne ....

c) Schornstein ....

d) Straßenpflaster ....

e) Holzbrett ....

f) Perspektive ....

❿ *Dopo aver letto il testo, rispondete alle seguenti domande:*

a) Dove ha dipinto il quadro Giorgio De Chirico?

....

b) Quali elementi della città troviamo nel quadro?

....

c) Quale funzione hanno le prospettive deformate, i manichini e gli spazi urbani deserti?

....

d) Da quali elementi è rappresentata la polarità antico-moderno?

....

e) Nel quadro c'è una caratteristica comune alla pittura tedesca e fiamminga del '400: quale?

....

I D Le due lingue a confronto

alcune espressioni per descrivere quadri e, in generale, immagini	
il quadro / la tela / il dipinto	*das Bild / das Gemälde*
l'immagine (f.) / l'illustrazione	*das Bild / die Abbildung*
nel quadro	*auf dem Bild / Gemälde*
nell'immagine	*auf dem Bild*
nella fotografia	*auf dem Foto*
in primo piano	*im Vordergrund*
sullo sfondo	*im Hintergrund*

nella parte inferiore / superiore	*im unteren / oberen Teil*
a sinistra / a destra	*links / rechts*
sulla sinistra / sulla destra	*auf der linken / rechten Seite*
in basso / in alto	*unten / oben*
nell'angolo	*in der Ecke*

i verbi di percezione	
sembrare / apparire	*scheinen / erscheinen*
sembra che + *congiuntivo*	*es sieht aus, als ob …*
avere la sensazione che + *congiuntivo*	*das Gefühl haben, als ob …*
è segno che + *indicativo*	*es ist ein Zeichen dafür, dass ... / signalisieren, dass ...*

Quando *sembrare*, riferito ad un soggetto espresso, è seguito da un infinito, davanti al verbo all'infinito non c'è nessuna preposizione: *Il ragazzo sembra avere paura.* = *Der Junge scheint Angst zu haben.* Generalmente quando il verbo *sembrare* è seguito da un aggettivo, in italiano non è necessario aggiungere il verbo *essere*: *La piazza sembra vuota.* = *Der Platz scheint leer zu sein.*

⓫ *Completate con la* ***preposizione*** *adatta, se necessario, e le forme dell'articolo determinativo o indeterminativo.*

a) .... immagine .... primo piano si vedono due manichini.

b) .... sfondo, ... destra, accanto .... imponenti edifici in ombra, si trova il Castello Estense.

c) A sinistra .... castello c'è una fabbrica.

d) Dietro .... fabbrica si innalzano due alte ciminiere di mattoni.

e) Di fronte .... castello, quasi al centro .... piazza c'è una statua che sembra un manichino.

f) La maschera è appoggiata per terra, proprio di fianco .... manichino seduto.

g) .... i due manichini, quello in piedi e quello seduto, c'è un'asta di legno.

⓬ *Sottolineate le* ***locuzioni preposizionali di luogo*** *dell'esercizio precedente e inseritele nella tabella sottostante accanto alla corrispondente traduzione tedesca. Completate poi con gli elementi mancanti.*

vicino a	
	zwischen
sulle rive di (in riva a)	
	neben
lungo	
	jdm. / etw. gegenüber
fuori da	
	rechts / links von
lontano da	
	hinter
in fondo a	
	mitten auf / in
attraverso	
	vor

G Aggettivi indefiniti

I principali aggettivi indefiniti sono: *molto, parecchio, poco, troppo, tanto, altro, tutto, certo, tale*.

Questi aggettivi si usano sia al singolare che al plurale e concordano nel genere e nel numero con il sostantivo a cui si riferiscono. *Oggi c'è tanto sole. Ci sono parecchi monumenti.*

Attenzione a non confondere l'aggettivo con l'avverbio:
Abbiamo molta fame. Questa città è molto più cara.

Si usano solo al plurale: *alcune/i*

Si usano solo al singolare: *nessuna/o, ciascuna/o, ogni, qualche*:
Non c'è nessun film interessante. C'era ancora qualche bar aperto.

L'aggettivo indefinito *tutto* è sempre seguito dall'articolo determinativo (o dall'aggettivo dimostrativo *questo / quello*). Se questi sono al singolare, è usato nel significato di *ganz*. *Ho letto tutto il libro. Hanno venduto all'asta tutta la sua collezione di quadri.*

Anche il numerale *tutte/i e due, … e tre, … e quattro …* deve essere seguito dall'articolo determinativo: *Tutti e due i quadri sono esposti nel museo viennese. = Beide Bilder sind in dem Wiener Museum ausgestellt.*

Nel caso di *tutti e due* possiamo anche usare il sinonimo *entrambe/i*: *entrambi i quadri.*

⓭ *Traducete in italiano le seguenti frasi contenenti gli **aggettivi indefiniti**.*

a) Mein Cousin, der als Manager in einer großen Firma arbeitet, hat mehrere Bilder von berühmten zeitgenössischen Malern gekauft.

....

b) Beide Bilder hat der Maler während seiner Aufenthalte in Ferrara gemalt.

....

c) Hier ist zu viel Lärm, gehen wir weg!

....

d) In dieser Stadt gibt es zu viele Autos und wenige Parkplätze.

....

e) Beide Kirchen waren im Stil der Renaissance gebaut.

....

f) Einige Busse sind bunt angemalt.

....

⓮ *Traducete in tedesco il T2.*

T3 Auslandssemester in Turin. Eine Stadt mit vielen Gesichtern

Turin landete eher zufällig auf meiner Liste für das Erasmus-Programm. Ich wusste anfangs so wenig über diese Stadt, so dass ich nicht mal Vorurteile parat hatte. Wenn es schon Italien sein sollte, dann bitte Rom, Venedig oder Bologna, aber Turin? «Das ist doch so eine Industriestadt im Norden, da gibt es nix außer Fiat, Nebel und Juventus.» Mit solchen Ratschlägen machte ich mich auf in die Stadt [...].

Durch Zufall fand ich mit einem Erasmusstudenten aus Slowenien eine Wohnung mitten im Stadtzentrum, dort, wo auch alle Fakultäten sind. [...]

Auf den ersten Blick mag Turin grau und laut erscheinen. Kein Kolosseum, keine Gondel weit und breit. Doch die Stadt hat geschichtlich und kulturell eine Menge zu bieten. Neben Barockbauten säumen Cafés und Bars die Straßen, außerdem gibt es viele Museen. Wer Lust auf Menschengewimmel hat, sollte unbedingt auf einen der größten Märkte Europas an der Porta Palazzo gehen. Neben Gemüse, Klamotten und arabischen Gewürzen kann man hier eventuell auch sein geklautes Fahrrad wiederentdeckten. Im Sommer tummeln sich die Turiner am Ufer des Po. Wer gern Ski fährt, hat es nicht weit bis in die Alpen. Wem das alles nicht reicht, der kann Italien mit dem Zug entdecken.

D I Le due lingue a confronto

Il testo precedente, scritto per una rivista studentesca, contiene alcune **espressioni del registro colloquiale**, usate per vivacizzare il racconto:

landen	finire, capitare, andare a finire
parat haben	avere pronto/a/i/e, avere a portata di mano
sich tummeln	affollar(si), ritrovarsi, darsi appuntamento
eine (ganze) Menge	un mucchio / un sacco di
kein(e) … weit und breit	neanche un(a) …
Klamotten	roba (da vestire), vestiti

⓯ *Traducete le seguenti frasi contenenti espressioni colloquiali.*

a) Wo sind die Fotos unserer Reise gelandet?

....

b) Hast Du Kleingeld parat? Sie akzeptieren keine Scheine.

....

c) Alte Klamotten landen bei mir meistens in der Mülltonne.

....

d) Als ich gestern Abend nach Hause zurückkam, hatte ich ein wenig Angst: Weit und breit war kein Mensch zu sehen.

....

e) Im Sommer und Winter tummeln sich viele Touristen in den verkehrsberuhigten Straßen.

....

f) Treffen wir uns mal. Ich habe dir eine ganze Menge zu erzählen.

....

g) Hast du die Pässe parat? Gleich sind wir beim Check-in.

....

h) Mit diesem Aktienkauf haben sie einen tollen Coup gelandet.

....

i) Er hat an der Börse eine ganze Menge Geld verloren.

....

j) Wir sind in einem miesen Studentenwohnheim gelandet.

....

k) Vor dem neuen Lokal tummeln sich am Wochenende die jungen Leute.

....

G Il verbo *esserci*

È usato alla terza persona singolare e plurale nelle forme *c'è / ci sono* e corrisponde al tedesco *es gibt, da ist /sind*: *C'è un bar qui vicino?*
Se una frase inizia con un chiaro riferimento di luogo o lo implica, il tedesco *ist / sind* si traduce con *c'è / ci sono*: *Im Zentrum sind alle Fakultäten. = In centro ci sono tutte le facoltà*. Ma: *Alle Fakultäten sind im Zentrum. = Tutte le facoltà sono in centro*. In questo secondo esempio l'uso del verbo *essere* (invece di *esserci*) sposta l'accento sulla collocazione spaziale di una cosa o di una persona.
Il verbo *esserci* può anche essere usato nel significato di *avere luogo, tenersi*. *A Siena c'è il Palio due volte l'anno*.

16 *Completate le frasi scegliendo fra* ***c'è / ci sono*** *o* ***è / sono****.*

a) .... molti turisti a Roma in agosto?

b) La città di Bologna è chiamata «la rossa» anche perché .... molti edifici antichi di color rosso scuro e ocra.

c) In centro .... molti negozi.

d) La galleria «Il vicolo» .... nel centro storico.

e) D'estate .... molte manifestazioni all'aperto.

f) La statua del re Vittorio Emanuele II .... in mezzo alla piazza.

g) In mezzo alla piazza .... una fontana.

h) La stazione della metropolitana .... a dieci minuti da qui.

i) .... dei mezzi pubblici per arrivare alla stazione?

j) In questa strada non .... un bar.

⑰ *Traducete in italiano le seguenti frasi, facendo attenzione alle **determinazioni di luogo** e all'uso di **essere** e **esserci**.*

a) Auf dem Bild sieht man einen großen Markt mit vielen Menschen.

....

b) Im Vordergrund ist ein Springbrunnen, der von vier Statuen gesäumt ist.

....

c) Vor dem barocken Rathaus ist ein Denkmal.

....

d) Im Hintergrund sieht man Hochhäuser. Sie sehen sehr modern aus.

....

e) Das orange Gebäude in der Mitte, das wie ein Turm aussieht, ist der Schornstein der alten Fabrik.

....

f) Neben dem historischen Café befindet sich das Ägyptische Museum.

....

⑱ *Alcuni **avverbi** e **locuzioni avverbiali** di tempo e di modo. Trovate nel T3 l'avverbio tedesco corrispondente e indicate, se possibile, un'espressione sinonimica.*

a) eventualmente ....

b) dal punto di vista culturale ....

c) all'inizio ....

d) ad ogni costo ....

e) casualmente ....

Ⓖ L'uso dell'aggettivo *proprio*

Proprio (*eigen*) può sostituire in alcuni casi il possessivo *suo*. È un aggettivo e concorda quindi con il nome a cui si riferisce.
Con la terza persona singolare e plurale si usa per evitare malintesi:
Isabella arriva con suo marito e i suoi genitori, (suoi di chi?)
Isabella arriva con suo marito e con i propri genitori (*o con i genitori di lui).*

Si usa inoltre nelle frasi impersonali: *Man muss seinen Lebenslauf einreichen.* = *Bisogna presentare il proprio curriculum.*
Se il soggetto è un pronome indefinito: *Jeder kann seine Wünsche äußern.* = *Ognuno può esprimere i propri desideri.*

⑲ *Riscrivete le frasi con i* ***possessivi*** *correggendo gli errori.*

a) Sua città natale è Cremona.

....

b) Prima di un viaggio bisogna fare bene i suoi programmi.

....

c) Sono dei veri romani di Roma: loro quartiere gli piace moltissimo.

....

d) La sua sorella si chiama Caterina.

....

e) Dov'è mia nuova pianta della città?

....

f) Giovanni è venuto con suoi fratellini.

....

g) Si è felici se si raggiunge la sua meta.

....

✍ ***Traducete in italiano il T3. Confrontate poi la vostra traduzione con quella alla fine del capitolo.***

T4 Farbenrausch – Mit Kindern Kunst entdecken

Emil Nolde hat das Bild in einem Bauerngarten gemalt. Zwischen ihm und den Häusern stehen krumm gewachsene Bäume. Ihre Äste sind kahl, darum kannst du durch sie hindurch den blauen Himmel sehen. Die großen gelben Bauernhäuser im Hintergrund haben wir an ihren roten Dächern und dem hellblauen Fachwerk erkannt. Ganz schön bunt, aber irgendwie hat man das Gefühl, dass gleich etwas Schlimmes passiert, oder? Ganz ähnlich wie auf diesem Gemälde von Erich Heckel: Das kleine Kind sitzt zwar sicher auf seinem Stuhl, aber es scheint Angst zu haben. Beide Bilder haben etwas gemeinsam: Sie sind mit viel Rot gemalt und du erkennst die dicken Pinselstriche des Malers. Beides zusammen wirkt bedrohlich. Rot signalisiert immer «Achtung», das kennt man zum Beispiel von Straßenschildern: Damit sie besser gesehen werden und die Menschen im Straßenverkehr auf sie achten. Die dicken Pinselstriche sehen so aus, als ob der Künstler sie ganz schnell gemalt und dabei immer wieder die Malrichtung geändert hätte. Waagerecht, senkrecht, schräg oder sogar in Wellenform. Dadurch scheint sich das Bild zu bewegen.

D I Le due lingue a confronto

In tedesco si usano verbi specifici per indicare:

stato e collocazione nello spazio	
liegen	essere / stare sdraiato (per persone), essere / trovarsi (per cose), giacere (per corpi morti)
stehen	essere / stare (in piedi) (per persone), essere / trovarsi (in piedi) (per cose)
sitzen	stare seduto, sedere

Spesso la specificità della collocazione nello spazio in italiano si perde. Se la frase inizia con una determinazione di luogo anche *liegen* e *stehen* vengono di solito sostituiti da *esserci*.

Der Brief lag auf dem Tisch.	La lettera era sul tavolo.
Auf dem Tisch lag ein Brief.	Sul tavolo c'era una lettera.

movimento	
legen	mettere (coricato, in orizzontale)
stellen	mettere (dritto, in piedi, in verticale)
sich setzen	sedersi

L'italiano non distingue fra *stellen* e *legen*:

Sie stellte die Flasche auf den Tisch.	Ha messo (posato) la bottiglia sul tavolo.
Sie legte das Buch auf den Tisch.	Ha messo (posato) il libro sul tavolo.

⓴ *Fra le tre possibili traduzioni scegliete quella che vi sembra migliore.*

a) Das Kind sitzt auf dem Stuhl.

① Il bambino si siede sulla sedia. ❑
② Il bambino sta sulla sedia. ❑
③ Il bambino è seduto sulla sedia. ❑

b) Sie stellte die Whiskyflasche auf den Tisch.

① Mise sul tavolo la bottiglia di whisky. ❑
② Mise dritta sul tavolo la bottiglia di whisky. ❑
③ Portò sul tavolo la bottiglia di whisky. ❑

c) Vor dem Haus stehen hohe Bäume.

① Davanti alla casa sono degli alberi alti. ❑
② Davanti alla casa ci sono degli alberi alti. ❑
③ Davanti alla casa stanno degli alberi alti. ❑

d) Der Rock lag auf dem Sessel.

① La gonna era coricata sulla poltrona. ❑
② La gonna era appoggiata sulla poltrona. ❑
③ La gonna giaceva sulla poltrona. ❑

G Aggettivi indicanti il colore

Alcuni aggettivi di colore si comportano come normali aggettivi e vengono normalmente declinati e concordati con il nome a cui si riferiscono: *gialla/o*, o *verde*. Gli aggettivi indicanti colore che derivano da sostantivi sono invariabili: *rosa, marrone, viola, arancione*. Anche *blu*, che deriva dal francese, è invariabile.
Sono invariabili le combinazioni con *chiaro / scuro* e con altri sostantivi e aggettivi che definiscono il colore: *una gonna rosso scuro, la camicetta azzurro pastello, il pullover verde bottiglia.*

21 *Trasformate al* ***plurale****.*

a) la borsa viola ....

b) lo scialle verde ....

c) il tram arancione ....

d) il girasole giallo ....

e) il velo blu ....

f) la superficie bianca ....

g) il pigiama rosa ....

h) la scarpa marrone ....

i) l'edificio giallo ocra ....

j) la tenda azzurro chiaro ....

22 *Traducete le seguenti frasi con i verbi e le espressioni che indicano* ***impressioni e sensazioni****.*

a) Das Mädchen scheint Hunger zu haben.

....

b) Das Licht ist aus. Es scheint, als wäre keiner da.

....

c) Der Platz ist leer. Ich habe das Gefühl, als ob es Sonntag früh wäre.

....

d) Die Fenster sind geschlossen. Das ist ein Zeichen dafür, dass meine Freunde nicht zu Hause sind.

....

e) Der Mann scheint glücklich zu sein.

....

f) Er lacht. Das ist ein Zeichen dafür, dass er glücklich ist.

....

g) Ich habe das Gefühl, als habe der Maler seinen inneren Zustand ausdrücken wollen.

....

✍ ***Traducete in italiano il T4. Confrontate poi la vostra traduzione con quella alla fine del capitolo.***

T3 Un semestre all'estero a Torino. Una città con (dai) molti volti

Torino è capitata (è finita) per caso sulla mia lista per il programma Erasmus. All'inizio io sapevo talmente poco di questa città che non avevo nemmeno pregiudizi a portata di mano. Se doveva essere l'Italia, allora almeno Roma, Venezia o Bologna, ma Torino? «È solo una città industriale del Nord, non c'è nient'altro che (la) Fiat, (la) nebbia e (la) Juventus». Con tali consigli mi sono messo in viaggio alla volta di Torino (verso Torino). [...]

Con uno studente Erasmus sloveno ho trovato per caso un appartamento in centro, lì dove ci sono anche tutte le facoltà universitarie. [...]

A prima vista Torino può apparire grigia e rumorosa. Neanche un Colosseo, neanche una gondola. Eppure la città ha un sacco di cose da offrire dal punto di vista storico e culturale. Accanto a edifici barocchi, si affacciano lungo le strade caffè e bar, inoltre ci sono molti musei. Chi ha voglia di folla, deve andare assolutamente a Porta Palazzo, uno dei più grandi mercati d'Europa. Accanto a verdura, vestiti e spezie arabe uno può ritrovare qui, eventualmente, anche la sua bicicletta rubata. In estate i torinesi si incontrano (si danno appuntamento) sulle rive del Po. Per chi ama lo sci, le Alpi non sono lontane. E se tutto ciò non fosse sufficiente, si può scoprire l'Italia in treno (Chi non si accontenta di questo, può ...).

T4 Ebbrezza di colori – Scoprire l'arte con i bambini

Emil Nolde ha dipinto il quadro in un frutteto. Fra questo e le case ci sono alberi storti. I loro rami sono spogli, per questo puoi riconoscere attraverso di essi il cielo blu. I grandi casolari (fattorie, case coloniche) gialli sullo sfondo li abbiamo riconosciuti dai loro tetti rossi e dalle travature azzurre. È tutto molto colorato, ma in qualche modo si ha l'impressione che succeda (stia per succedere, debba succedere) subito qualcosa di brutto, vero? La stessa cosa come in questo quadro di Erich Heckel: il bambino piccolo è seduto saldamente sulla sua sedia, ma sembra che abbia paura (sembra avere paura). I due quadri hanno qualcosa in comune: sono dipinti con molto rosso e puoi riconoscere le dense pennellate del pittore. Le due cose insieme hanno un effetto minaccioso. Rosso indica sempre «fare attenzione», questo lo sappiamo per esempio dai cartelli stradali: affinché siano meglio visibili e le persone nel traffico cittadino facciano più attenzione ad essi. Sembra che l'artista abbia tracciato le dense pennellate molto velocemente cambiando sempre la direzione. Orizzontali, verticali, oblique e anche in forma di onde. Così il quadro sembra muoversi.

6 Ricette / Istruzioni

Attività comunicative: dare una ricetta
descrivere le azioni che si fanno in cucina per preparare una pietanza
saper leggere le istruzioni per l'uso

G Grammatica: imperativo
imperativo con i pronomi
infinito per dare istruzioni
passivo con i modali / passivo di necessità
preposizioni
si impersonale e passivante
verbi modali

T Testi: Testi modello (Italiano ▷ Tedesco):
T1 Spaghetti alla siciliana / Insalata Caprese
T2 Istruzioni per fare un buon caffè

Testi da tradurre (Tedesco ▷ Italiano):
T3 Schwäbischer Kartoffelsalat / Feines Buttergebäck / Das Herstellen von Blätter- und Mürbeteig
T4 E-Mail-Umgangsformen

Spaghetti alla siciliana

Ingredienti per 4 persone:
250 gr. di spaghetti
1 scatola di tonno Rio Mare all'olio d'oliva da 160 gr.
40 gr. di uvetta ammorbidita nell'acqua
40 gr. di pangrattato
1 spicchio d'aglio tritato finemente
1 cucchiaio di prezzemolo tritato
sale, pepe

Fate cuocere gli spaghetti al dente in abbondante acqua salata. Mettete in un'ampia padella l'olio della scatola di tonno e fate dorare l'aglio e il pangrattato. Scolate gli spaghetti, versateli nella padella, unite il tonno, l'uva, il pepe e mescolate bene. Mettete gli spaghetti in un piatto da portata e cospargete di prezzemolo. Accompagnate con vino bianco siciliano (per es. Corvo bianco di Salaparuta).

Insalata Caprese

Ingredienti per 4 persone:
½ kg. di mozzarella di bufala
½ kg. di pomodori da insalata
qualche foglia di basilico freschissimo
sale e pepe q.b. (quanto basta)
olio d'oliva

Lavare e asciugare i pomodori. Poi affettarli non troppo sottilmente, e affettare anche la mozzarella. Disporre la mozzarella ed il pomodoro su un piatto da portata alternandoli. Guarnire con qualche foglia di basilico. All'ultimo momento irrorare con un filo d'olio e condire con del sale e del pepe macinato al momento.

Il budino al cioccolato Elah

CONSIGLI PER UNA BUONA PREPARAZIONE

Versi il contenuto di una busta in una casseruola e lo sciolga accuratamente con una parte del mezzo litro di latte che occorre. Finisca di versare il latte, metta sul fuoco e mescolando porti ad ebollizione.
Poi, sempre mescolando, lasci bollire a fuoco moderato per 3–4 minuti. Versi in uno stampino unico o in quattro stampini monodose.
Lasci quindi raffreddare in frigorifero per almeno 2 ore, o a temperatura ambiente per 4–5 ore. La sua crema da tavola è pronta per essere servita.
Grazie per aver scelto Elah.

G I modi verbali delle ricette e delle istruzioni

Normalmente nelle ricette, e nelle istruzioni in generale, si usa in italiano l'imperativo alla **seconda persona plurale** o, meno frequentemente, l'**infinito**. È possibile anche trovare le forme impersonali.
Diversamente dalle solite istruzioni stampate dove si dà del voi, la ricetta del budino Elah, si rivolge al compratore dando del Lei.

1. *Guardate le istruzioni per la preparazione del budino al cioccolato Elah, individuate gli imperativi di cortesia presenti e trascriveteli nella seguente tabella, riportando accanto l'infinito corrispondente e trasformandoli poi nelle altre* ***forme dell'imperativo****.*

Versi (Lei)	Versare	Versa (tu)	Versate (voi)

❷ *Immaginate di dare la ricetta degli spaghetti alla siciliana ad un amico e ad un conoscente a cui date del Lei. Trasformate i verbi della ricetta degli «Spaghetti alla siciliana» alla **seconda persona singolare** dell'**imperativo** e nella **forma di cortesia**.*

Ⓖ Imperativo negativo

Nell'imperativo negativo le forme verbali, precedute da *non*, rimangono invariate, fa eccezione la seconda persona che diventa *non* + infinito.
Taglia le cipolle! → Non tagliare le cipolle!

❸ *Che cosa **non** bisogna fare per preparare correttamente un'insalata caprese? Volgete all'**imperativo negativo** le istruzioni sbagliate (attenzione alla persona – tu, voi, Lei – a cui vi rivolgete).*

a) Sbucciate i pomodori! ....

b) Scalda la mozzarella! ....

c) Aggiungete delle cipolle! ....

d) Metti prima il basilico e poi sopra i pomodori tagliati a pezzi!

....

e) Versi un litro d'olio alla fine! ....

f) Condisci con aceto abbondante! ....

g) Aggiunga un po' di peperoncino! ....

Ⓘ Ⓓ Le due lingue a confronto

verbi ed espressioni tipiche delle ricette	
Fare cuocere al dente.	*Die Nudeln ‹al dente› (bissfest) kochen.*
Mettere l'olio in una padella.	*Das Öl in die Pfanne geben.*
Fare dorare il pangrattato.	*Die Semmelbrösel anbräunen.*
Aggiungere … Unire …	*… hinzugeben.*
Versare in una terrina.	*In eine Schüssel geben.*
Mescolare bene.	*Gut rühren.*

Il verbo **cuocere** si usa in italiano per indicare il processo di cottura:

(far) cuocere 10 minuti in forno. *Zehn Minuten im Ofen backen.*
La minestra sta cuocendo. *Die Suppe kocht.*

Al verbo tedesco *kochen* corrispondono in italiano, a seconda del contesto, verbi differenti: *cucinare / fare da mangiare*, se si indica il processo di preparare le pietanze; seguito da un oggetto si rende con *cucinare / preparare* (*il pranzo, il pollo, la verdura* ecc.) o *fare* (*il caffè, il tè*).

Non ci sono in italiano verbi specifici per *backen* (*fare una torta / una pizza*) e *braten* si può tradurre o con *cuocere alla griglia* o con *arrostire* o con *friggere*.

❹ *Sottolineate altri* ***verbi ed espressioni tipici delle ricette*** *presenti nel T1, scriveteli all'infinito nel vostro quaderno riportando accanto la corrispondente traduzione tedesca.*

❺ *Traducete in italiano le seguenti frasi che contengono espressioni del* ***lessico culinario****.*

a) Zum Geburtstag möchte ich meiner Freundin Karin einen Kuchen backen.

....

b) Es ist nicht schwierig, eine gute Bolognese zu kochen.

....

c) Könnt ihr gut kochen?

....

d) Ich weiß nicht, wie man Garnelen kocht.

....

e) Wie lange müssen Kartoffeln kochen?

....

f) Das Roastbeef muss nicht lange braten.

....

g) Kochst du mir einen schönen warmen Tee?

....

h) Die Suppe muss ungefähr anderthalb Stunden kochen.

....

i) Wer von euch kocht heute das Mittagessen?

....

❻ *Mettete accanto alle corrispondenti definizioni le espressioni mancanti appartenenti al* ***campo semantico della cucina****, dopo averle cercate nel riquadro sottostante.*

a) bollire .... = cuocere un cibo nell'acqua bollente
b) .... = si usa per scolare la pasta
c) padella .... = recipiente tondo e basso, per cuocere la carne o le uova
d) .... = cuocere nell'olio bollente
e) teglia....................... = recipiente per cuocere nel forno
f) .... = portare ad un livello di temperatura più alto
g) sbucciare................. = togliere la buccia
h) .... = specie di grande cucchiaio usato per mescolare e per versare i cibi nei piatti
i) terrina...................... = zuppiera, insalatiera
j) .... = aggiungere del sale
k) .... = recipiente usato fra l'altro per la cottura della pasta
l) matterello................ = cilindro di legno usato per rendere sottile la pasta

S	C	O	L	A	P	A	S	T	A	Y
C	M	O	R	K	P	R	E	E	E	P
A	Ö	D	E	L	S	A	L	A	R	E
L	K	F	R	I	G	G	E	R	E	N
D	T	S	I	T	A	E	D	I	E	T
A	Y	M	E	S	T	O	L	O	T	O
R	L	Z	A	X	P	R	E	E	S	L
E	P	T	R	A	L	S	T	V	X	A

❼ *Date le seguenti istruzioni usando le forme opportune dell'****imperativo*** *dei verbi indicati fra parentesi e i* ***pronomi****. Fate attenzione alla posizione dei pronomi!*

Che cosa devo fare con le cipolle? – Tagliale!

a) Quando gli spaghetti sono cotti cosa dobbiamo fare?
– (scolare) ....

b) Che cosa devo fare con l'insalata?

– (mettere) .... in un'insalatiera.

c) Quanto devo far cuocere la torta?

– (far cuocere) .... 30 minuti in forno a 180 gradi.

d) Quando le patate sono bollite che cosa dobbiamo fare?

– (sbucciare) .... e (tagliare) .... a fettine sottili.

e) Il budino deve cuocere a lungo?

– No, non (tu-fare cuocere) .... troppo a lungo, se no si attacca alla pentola.

f) Mettiamo solo olio e aceto nell'insalata?

– No, ... (aggiungere) anche sale, pepe e un cucchiaino di mostarda!

8 *Scrivete in italiano la ricetta del vostro piatto preferito (usate la* ***seconda persona plurale dell'imperativo!****)*

....

....

....

....

G Il *si* impersonale e passivante

Dopo il *si*, se l'oggetto espresso è al plurale, il verbo va alla terza persona plurale. Questa costruzione assume un valore passivo (*si* passivante) e vale anche quando c'è un verbo modale. *Si mette il burro in una padella, si aggiungono sale e pepe, si devono comprare delle uova fresche.*
Con i verbi *essere, diventare*, seguiti da nomi o aggettivi, il verbo resta alla terza persona singolare, i nomi e gli aggettivi vanno sempre al plurale maschile: *cuochi si diventa, si è curiosi di provare ricette nuove.*
Quando il *si* impersonale si usa con un verbo riflessivo, il primo *si* diventa *ci*: *ci si diverte a cucinare.*

❾ *Completate con le forme del* ***si impersonale e passivante****:*

Per fare la Caprese (andare) .... al mercato o in una buona salumeria a comprare della mozzarella di bufala fresca. (Dovere) .... avere inoltre dei pomodori saporiti. (tagliare) .... a fette mozzarella e pomodori e (disporre) .... su un piatto alternandoli. Poi (prendere) .... del buon olio d'oliva e (condire) .... il tutto con olio, sale, pepe e basilico. Questa ricetta riesce sempre anche se non (essere) .... cuoc....... espert........!

T2 Istruzioni per fare un buon caffè

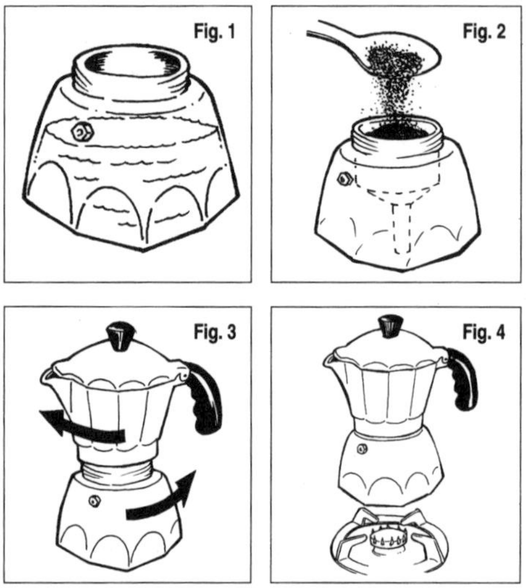

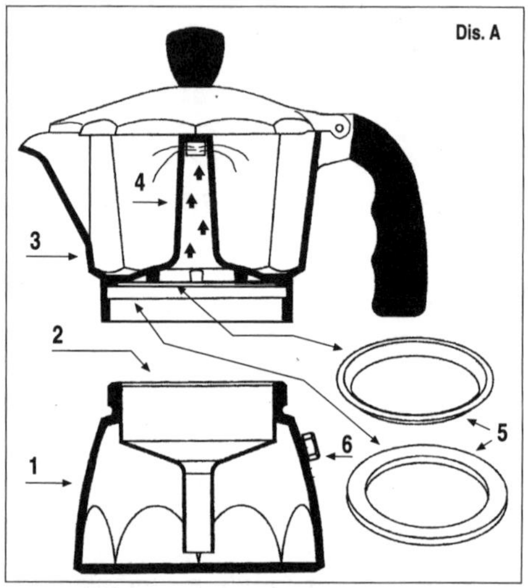

Innanzitutto bisogna avere ... una Moka Express!

1. Quindi riempire d'acqua la parte inferiore fino alla valvola di sicurezza, introdurre il filtro ad imbuto e riempirlo di caffè senza pressarlo.
2. Controllare che la piastrina filtro e la guarnizione siano nella loro sede, quindi avvitare la parte superiore sulla parte inferiore chiudendo perfettamente.
3. Mettere la caffettiera sulla fonte di calore e dopo circa 4 minuti il caffè sgorgherà ricco di aroma dalla colonnina.
4. Quando il caffè avrà colmato il raccoglitore, togliere la Moka Express dalla fonte di calore.

LEGENDA DIS. A
1 CALDAIETTA
2 FILTRO AD IMBUTO
3 RACCOGLITORE
4 COLONNINA
5 GUARNIZIONE E PIASTRINA FILTRO
6 VALVOLA DI SICUREZZA

ZEICHENERKLÄRUNG DIS. A
1 KLEINER KESSEL
2 TRICHTERFÖRMIGER FILTER
3 BEHÄLTER
4 KLEINE SÄULE
5 DICHTUNG UND FILTERPLATTE
6 SICHERHEITSVENTIL

Come va servito un buon caffè: alcune regole da seguire

Il caffè deve essere preparato al momento di servirlo: dopo mezz'ora dalla sua preparazione il caffè perde infatti buona parte delle sue caratteristiche aromatiche.

Inutile dire che va servito bollente, direttamente dalla caffettiera alle tazzine, che, recitano le regole del bon ton, devono essere riempite per circa due terzi.

Sul vassoio non scordate di mettere un piccolo bricco con un po' di latte per i «non puristi» e, naturalmente, lo zucchero (raffinato e di canna). Attenzione: una volta bevuto il caffè, il cucchiaino va depositato sul piattino e non lasciato nella tazzina.

⑩ *Un'amica / un amico vi chiede di spiegarle/gli come si fa l'espresso italiano: prendendo spunto dal testo precedente, spiegateglielo, usando le forme del* **si *impersonale*** *e* ***passivante***.

Si prende la moka, ...

....

....

....

....

Ⓖ Il passivo di necessità

Con il verbo *andare* la costruzione passiva acquista un carattere di necessità, di dovere:
Come va servito un buon caffè. / Come deve essere servito un buon caffè. /
Come si deve/bisogna servire un buon caffè.
Wie wird ein guter Kaffee serviert. / Wie muss ein guter Kaffee serviert werden.

Lo stesso valore può essere assunto dalla costruzione con la preposizione *da* seguita dall'infinito:
Alcune regole da osservare = alcune regole che vanno osservate / alcune regole che devono essere osservate / alcune regole che si devono/bisogna osservare.
Einige Regeln, die man beachten muss. / Einige zu beachtende Regeln.

Il verbo impersonale *bisognare*, usato solo alla terza persona singolare (*bisogna = man muss / man soll)* e seguito da una frase soggettiva all'infinito o da *che* + congiuntivo, significa *essere necessario*. Non deve essere confuso con l'espressione *avere bisogno di = brauchen*, dove *bisogno* è un sostantivo, sinonimo di *necessità*.

⓫ *Sottolineate le **forme passive di necessità** (sei forme in tutto, comprese quelle contenute nel titolo!) delle istruzioni per servire un buon caffè e riscrivete le in altri modi possibili.*

a) Come va servito un buon caffè. (Come deve essere servito un buon caffè.
Come si deve servire un buon caffè)

b) ....

c) ....

d) ....

e) ....

f) ....

⓬ *Fate delle prescrizioni usando il verbo **andare** al posto del verbo **dovere + passivo**.*

a) Il dolce deve essere messo nel forno preriscaldato.

....

b) Il vino bianco deve essere bevuto freddo.

....

c) Le gocce devono essere prese un'ora prima dei pasti.

....

d) La domanda doveva essere presentata entro il 31 dicembre.

....

e) Il conto deve essere pagato al più presto.

....

f) I testi dovranno essere controllati con cura.

....

⓭ *Completate con le preposizioni, fate attenzione particolarmente all'uso di **a**, **da** e di **di**.*

a) .... fare gli spaghetti .... ragù che cosa devo comprare?

b) Come dessert Luisa ci ha preparato un budino .... cioccolato.

c) Quando le verdure sono cotte, devi metterle .... un piatto .... portata.

d) Mi dia una confezione .... panna .... 125 gr., per favore, e mezzo chilo .... gnocchi!

e) Per il suo compleanno ho regalato a Lucia una teiera .... porcellana e delle meravigliose tazze .... tè bianche e blu.

f) Fa così caldo, dammi qualcosa .... fresco .... bere!

⓮ *Traducete in tedesco la seconda parte del T2.*

T3

Schwäbischer Kartoffelsalat

Die gekochten, noch warmen mittelgroßen Kartoffeln schälen und in feine Scheiben schneiden. Salz, Pfeffer, etwas Zucker, feingeschnittene Zwiebelstückchen, Apfelessig hinzugeben und mit heller, kochender Fleischbrühe übergießen, in der Schüssel schütteln, aber nicht umrühren. 20 Minuten ziehen lassen. Erst jetzt Maiskeim- oder Sonnenblumenöl dazugeben und noch warm servieren.

Feines Buttergebäck

375 g Butter
190 g Zucker
5 Eigelb
½ kg gesiebtes Mehl
zum Bestreichen: Eigelb

Man rührt die Butter schaumig, man gibt Zucker und Eigelb dazu und danach das gesiebte Mehl. Man knetet den Teig leicht mit den Händen und legt ihn zum Festwerden in den Kühlschrank. Dann rollt man ihn ½ cm dick aus und sticht mit Ausstechförmchen Figuren aus, bestreicht diese mit Eigelb, legt sie in ein gefettetes Bachblech und bäckt sie in mittlerer Hitze (170 °C). Backzeit: 30–40 Min. (Stückzahl 60–70)

Das Herstellen von Blätter- und Mürbeteig

Das Herstellen von Blätter- und Mürbeteig muss an einem kühlen Orte geschehen. Der Teig darf auch nicht vor dem Backen aufgehen, sondern muss so lange am kühlen Orte stehen bleiben, bis er in den Ofen geschoben wird. Die Eier, von denen das Weiße zu Schnee geschlagen werden soll, halte man vorher ebenfalls kühl.

Le due lingue a confronto

Sia nelle ricette tedesche sia in quelle italiane possiamo usare l'infinito. Nelle ricette italiane si preferisce però generalmente la forma dell'imperativo alla seconda persona plurale. Per dare una ricetta in tedesco è anche abbastanza usata la forma impersonale, che ricorre più raramente in italiano.

Nelle ricette tedesche può capitare di trovare seguito da *man* il congiuntivo presente che esprime una prescrizione, un invito, un'esortazione.

La tipica formula dei libri di cucina tedeschi, con cui iniziano molte ricette, ***man nehme*** si tradurrebbe nel seguente modo:

Man nehme fünf Eier und schlage sie in die Pfanne.

Prendete cinque uova e rompetele nella padella (meno usato in italiano: si prendono 5 uova e si rompono nella padella).

altre espressioni caratteristiche delle ricette:

dazu passen ...	servire con ...
ziehen lassen	far cuocere a fuoco lento / marinare (es. la carne) / lasciare in infusione (es. il tè)
Backzeit / Kochzeit	tempo di cottura
bei mittlerer / schwacher / starker Hitze	a fuoco medio / basso / alto (vivo, vivace)

⓯ *Il **lessico della pasticceria**: associate le parole tedesche delle colonne a sinistra con il corrispondente termine italiano delle colonne a destra.*

a) schaumig rühren	1. lavorare con le mani, impastare
b) bestreichen	2. sbattere fino ad ottenere una crema spumosa
c) einfetten	3. ritagliare con uno stampo
d) kneten	4. stendere la pasta
e) ausrollen	5. imburrare
f) ausstechen	6. montare a neve
g) aufgehen	7. lievitare
h) zu Schnee schlagen	8. setacciare
i) sieben	9. pennellare

a) Blätterteig	1. pasta frolla
b) Mürbeteig	2. biscotti
c) Eidotter	3. lievito in polvere
d) Eiweiß	4. rosso (d'uovo)
e) Schneebesen	5. albume (chiara d'uovo)
f) Backpulver	6. pasta sfoglia
g) Gebäck	7. frusta

DI Le due lingue a confronto: I verbi modali

I sei verbi modali tedeschi hanno diverse sfumature semantiche alcune delle quali difficili da rendere in italiano.

können = *potere* esprime:

- possibilità: *Ich kann kommen.* Posso venire.
- capacità (anche acquisita durante lo studio o l'esercizio): *sapere, essere capace:* *Carla kann Englisch.* Carla sa l'inglese.

dürfen = *potere* esprime:

- nella forma affermativa, permesso (*avere il permesso*): *Das Kind darf hier spielen.* Il bambino può giocare qui.
- nella forma negativa, divieto (*non potere, non avere il permesso*): *Ich darf nicht rausgehen.* Non posso uscire.
  Nicht dürfen può anche significare *non dovere*:
  Er ist krank und darf nicht rauchen. È malato e non deve fumare.

müssen = *dovere* esprime:

- legge, costrizione:
  Am Ende des Kurses muss man eine Klausur schreiben. Alla fine del corso si deve fare una prova scritta.
- necessità imprescindibile:
  Der Zug fährt um vier Uhr. Ich muss früh aufstehen. Il treno parte alle quattro. Devo alzarmi presto.

sollen = *dovere* esprime:

- obbligo morale e soggettivo:
  Man soll die Spielregel einhalten. Bisogna (si devono) rispettare le regole del gioco.
- consiglio. Spesso si traduce in italiano con il condizionale:
  Du sollst (solltest) mehr schlafen. Dovresti dormire di più.

wollen = *volere* esprime:

- intenzione, volontà:
  Wir wollen ihn am Sonntag besuchen. Vogliamo andarlo a trovare domenica.
- desiderio: *Ich will nach Paris.* Voglio andare a Parigi.

mögen = *piacere* esprime:

- predilezione: *Ich mag keinen Tofu.* Non mi piace il tofu.
- amare: *Ich mag Venedig sehr.* Amo Venezia.

mögen = *volere* esprime:

- nella forma del ‹Konjunktiv II›: *ich möchte* … vorrei + congiuntivo imperfetto:
  Ich möchte, dass du glücklich bist. Vorrei che tu fossi felice.

⓰ *Traducete in italiano le seguenti frasi con i* ***verbi modali****.*

a) Kannst du Pizza backen?

....

b) Morgen ist Carlo mit dem Kochen dran: Ich kann nicht, weil ich mit einem Freund ins Kino gehen möchte.

....

c) Um Mayonnaise zu machen, muss man das Eigelb sehr schnell rühren, sonst gerinnt sie.

....

d) Man soll nicht zu viele Eier an einem Tag essen.

....

e) Ich mag Spaghetti Bolognese sehr.

....

f) Wegen meiner Migräne darf ich keinen Wein mehr trinken.

....

g) Unser Kühlschrank ist leer, wir müssen unbedingt einkaufen gehen.

....

h) In italienischen Restaurants darf man nicht rauchen.

....

✍ ***Traducete in italiano il T3. Confrontate poi la vostra traduzione con quella alla fine del capitolo.***

⓱ ***Verbi ed espressioni tipiche del linguaggio del computer:*** *cercate nella traduzione italiana del testo sottostante le espressioni corrispondenti a quelle indicate e scrivetele accanto:*

a) klicken ....

e) eingeben ....

b) Nachricht ....

f) E-Mail-Adresse ....

c) Nachrichtenfenster ....

g) Empfänger ....

d) Feld ....

h) senden ....

i) Betreff ....

j) Datei ....

k) anfügen ....

l) Symbolleiste ....

m) Menüleiste ....

n) durch das Internet ....

Erstellen und Senden von E-Mail-Nachrichten

Klicken Sie zum Erstellen einer neuen E-Mail-Nachricht in Windows Mail auf die Schaltfläche Neue E-Mail. Ein neues Nachrichtenfenster wird geöffnet.

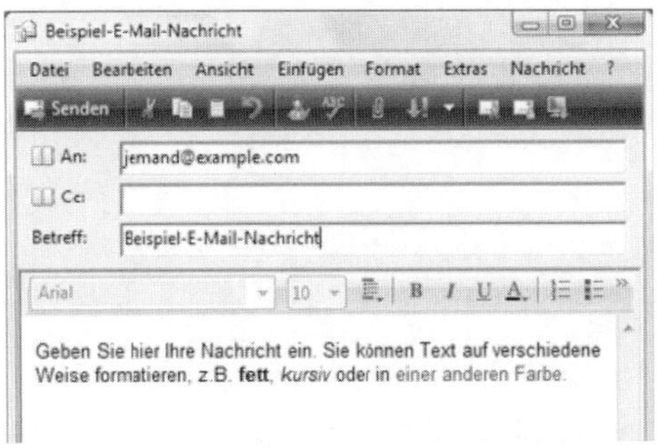

In Windows Mail und den meisten anderen E-Mail-Programmen wird das Nachrichtenfenster folgendermaßen ausgefüllt:

1. Geben Sie die E-Mail-Adresse von mindestens einem Empfänger in das Feld **An** ein. Wenn Sie die Nachricht an mehrere Empfänger senden, geben Sie ein Semikolon (;) zwischen den E-Mail-Adressen ein.

2. Im Feld **Cc** können Sie die E-Mail-Adressen sekundärer Empfänger eingeben, d.h. von Personen, die die Nachrichten erhalten sollen, aber nicht in irgendeiner Form darauf reagieren müssen. Sie erhalten dieselbe Nachricht wie die Person im Feld **An**. Lassen Sie dieses Feld leer, wenn Sie keine sekundären Empfänger angeben möchten.

Creare e inviare un messaggio di posta elettronica

Per creare un nuovo messaggio di posta elettronica in Windows Mail, fare clic sul pulsante Crea messaggio. Verrà aperta una nuova finestra di messaggio.

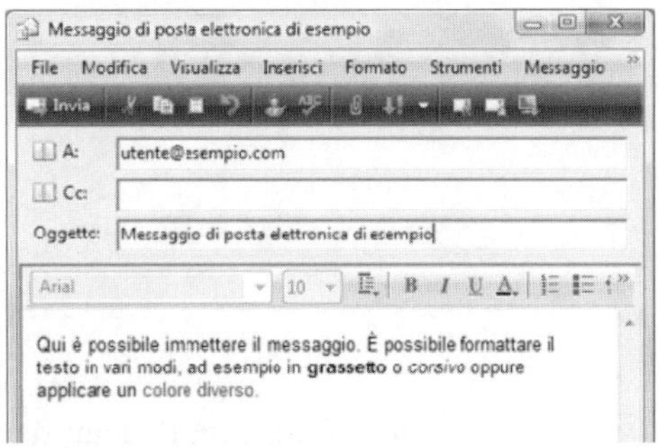

Di seguito viene descritto come scrivere un nuovo messaggio in Windows Mail e nella maggior parte degli altri programmi di posta elettronica:

1. Nella casella **A** digitare l'indirizzo di posta elettronica di uno o più destinatari. Se si invia il messaggio a più destinatari, digitare un punto e virgola (;) tra gli indirizzi di posta elettronica dei diversi destinatari.

2. Nella casella **Cc** è possibile digitare gli indirizzi di posta elettronica di ulteriori destinatari a cui verrà recapitata una copia del messaggio per conoscenza. Tali destinatari riceveranno lo stesso messaggio inviato agli utenti elencati nella casella **A**. Se non si desidera inviare copie per conoscenza, lasciare vuota questa casella.

3. Geben Sie einen Titel für die Nachricht in das Feld **Betreff** ein.

3. Nella casella **Oggetto** digitare il titolo del messaggio.

4. Geben Sie in dem großen leeren Bereich die Nachricht ein. Um eine Datei an die Nachricht anzufügen, klicken Sie auf die Schaltfläche **Datei an Nachricht anfügen** auf der Symbolleiste (direkt unter der Menüleiste). Wählen Sie die Datei aus, und klicken Sie dann auf **Öffnen**. Die Datei wird jetzt im Nachrichtenkopf im Feld **Anfügen** angezeigt.

4. Nell'area vuota più grande digitare il messaggio. Per allegare un file al messaggio, fare clic sul pulsante **Allega file al messaggio** sulla barra degli strumenti, disponibile immediatamente sotto la barra dei menu. Individuare il file, selezionarlo e quindi fare clic su **Apri**. Il file verrà visualizzato nella casella **Allega** nell'intestazione del messaggio.

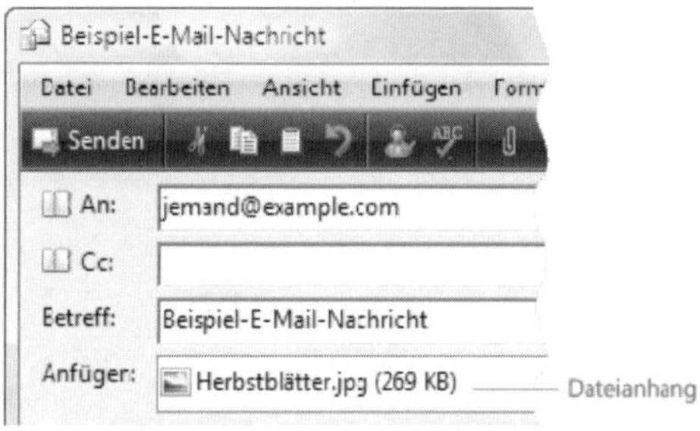

Das ist alles! Klicken Sie zum Senden der Nachricht auf die Schaltfläche **Senden**. Die Nachricht wird durch das Internet an die Empfänger übertragen.

La creazione del messaggio è completata. Per inviarlo, fare clic sul pulsante **Invia**. Il messaggio viaggerà in Internet fino a raggiungere i destinatari.

⓲ *Spiegate ad un'amica / un amico come fare le seguenti operazioni con il computer, usando le **forme dell'imperativo**. Ecco alcune espressioni che vi possono aiutare:*

selezionare la parte di testo (la parola) desiderata | andare con il mouse | trascinare il testo (la parola) con il mouse tenendo premuto il tasto sinistro | fare clic sul pulsante **Ortografia e Grammatica** (menù **Strumenti**) | cliccare sul pulsante **Cambia** o **Ignora** | lasciare andare il tasto

a) «Che cosa devo fare per correggere l'ortografia e la grammatica del mio testo?»

....

....

....

....

b) «Come faccio a spostare singole parole o interi paragrafi in un altro punto del testo?»

....

....

....

....

T4 E-Mail-Umgangsformen

Wie bei Telefongesprächen und der persönlichen Kommunikation gelten für die E-Mail-Kommunikation bestimmte Verhaltensregeln. Diese Regeln werden als E-Mail-Umgangsformen oder Netiquette (eine Kombination aus «Internet» und «Etikette») bezeichnet. Beachten Sie für die effektive Kommunikation die folgenden Richtlinien:

1. Gehen Sie vorsichtig mit Humor und Emotionen um. Emotionen lassen sich nicht gut per E-Mail vermitteln. Es kann also passieren, dass der Empfänger den beabsichtigten Ton nicht versteht. Sarkastischer Humor ist besonders riskant, da er vom Empfänger wörtlich interpretiert und als Beleidigung aufgefasst werden kann. Verwenden Sie zum Ausdrücken von Emotionen ggf. Emoticons.
2. Denken Sie nach, bevor Sie eine Nachricht abschicken. Das Schreiben und Senden von E-Mail-Nachrichten ist schnell und einfach – manchmal zu einfach. Durchdenken Sie Ihre Nachricht erst, und schreiben Sie möglichst nicht, wenn Sie wütend sind. Eine einmal gesendete Nachricht kann nicht mehr zurückgeholt werden.
3. Verwenden Sie einen klaren und kurzen Betreff. Fassen Sie den Inhalt der Nachricht in wenigen Worten zusammen. Personen, die viele E-Mails empfangen, können anhand des Betreffs die Wichtigkeit einer Nachricht erkennen.
4. Fassen Sie sich in Ihren Nachrichten kurz. Obwohl E-Mail-Nachrichten beliebig lang sein können, ist E-Mail eigentlich für die schnelle Kommunikation vorgesehen. Viele Benutzer haben nicht die Zeit oder Geduld, mehr als einige wenige Absätze zu lesen.
5. Vermeiden Sie die AUSSCHLIESSLICHE VERWENDUNG VON GROSSBUCHSTABEN. In Großbuchstaben geschriebene Sätze werden oft als «schreiend» und somit als lästig oder beleidigend empfunden.

D I Le due lingue a confronto

Nelle istruzioni per l'uso, mentre nel tedesco si usa la forma dell'imperativo di cortesia, si preferisce usare di norma in italiano l'infinito. (Vedi anche T2, Istruzioni per fare un buon caffè.).

Klicken Sie zum Erstellen einer neuen E-Mail-Nachricht in Windows Mail auf die Schaltfläche «Neue E-Mail».	Per creare un nuovo messaggio di posta elettronica in Windows Mail, fare clic sul pulsante «Crea messaggio».

19

*a) Trovate nel T4 le parole tedesche corrispondenti ai seguenti sostantivi e aggettivi italiani che hanno a che fare con la **sfera delle emozioni.***

a) umorismo .... d) sarcastico ....

b) offesa .... e) fastidioso ....

c) pazienza .... f) arrabbiato ....

*b) Con l'aiuto del vocabolario, scrivete la famiglia di parole (cioè parole che hanno la stessa radice) di **emozione**. Con ogni parola trovata formate una frase.*

20 *Siete d'accordo con il codice di comportamento formulato nel T4? Quali di queste regole vi sembrano importanti e perché?*

G Il passivo con i verbi modali

Come in tedesco anche in italiano con i verbi modali diventa passivo l'infinito che li segue. È anche possibile usare il *si* passivante se l'agente non è espresso: attenzione a rispettare le concordanze.

Dieser Satz kann falsch gedeutet werden. Questa frase può essere interpretata male (si può interpretare male questa frase).

Man soll das Eiweiß zu Schnee schlagen. Gli albumi devono essere montati a neve (si devono montare a neve gli albumi).

Die Gebrauchsanweisungen sollten von allen genau gelesen werden.
Le istruzioni per l'uso dovrebbero essere lette attentamente da tutti.

❷❶ *Traducete in italiano le seguenti* ***frasi passive con i verbi modali****.*

a) Du musst mehr aufpassen: Dein Verhalten kann falsch interpretiert werden.

....

b) Dieses Buch muss bis morgen zurückgegeben werden.

....

c) Telefongespräche dürfen nicht abgehört werden.

....

d) Bei schriftlichen Arbeiten müssen Rechtschreibung und Grammatik sorgfältig überprüft werden.

....

e) Diese Umgangsformen sollten eigentlich von allen Benutzern beachtet werden.

....

❷❷ *Sottolineate la forma giusta del* **passivo** *e traducete in tedesco le seguenti frasi:*

a) La caffettiera va / viene lavata solo con l'acqua, se no l'aroma del caffè si perde.

....

b) Questa medicina andrebbe / verrebbe presa sotto controllo medico.

....

c) Il ricettario di Artusi viene / va ancora letto da moltissime persone.

....

d) Queste traduzioni vanno / vengono fatte con il dizionario monolingue.

....

e) La domanda andrà / verrà fatta entro il 5 ottobre.

....

f) La mostra viene / va visitata ogni giorno da centinaia di persone.

....

✍ ***Traducete in italiano il T4. Confrontate poi la vostra traduzione con quella alla fine del capitolo.***

Traduzioni dei testi tedeschi

T3

Insalata sveva di patate
Sbucciare le patate bollite, di grandezza media, ancora calde e tagliare a fette sottili. Condire con sale, pepe, un po' di zucchero, pezzettini di cipolla tagliati finemente e aceto di mele. Versarci un brodo chiaro e bollente (non più di quanto le patate possano assorbire), scuoterle nella la terrina, ma non mescolarle. Far riposare per 20 minuti. Solo ora aggiungere olio di semi di mais o di semi di girasole e servire l'insalata calda.

Biscotti raffinati
Sbattete il burro fino a ottenere una crema, unite lo zucchero e i rossi d'uovo e successivamente la farina setacciata. Lavorate leggermente la pasta con le mani e poi mettetela al fresco per farla indurire. Quindi stendetela fino ad ottenere un disco dello spessore di mezzo centimetro, con uno stampo ritagliate delle figure. Spennellatele con il rosso d'uovo e fate cuocere in forno a calore medio (170°) finché non abbiano un bel colore dorato. Tempo di cottura 30-40 minuti (60-70 biscotti).

La preparazione della pasta sfoglia o della pasta frolla
La preparazione della pasta sfoglia o della pasta frolla deve avvenire in un luogo fresco. La pasta non deve lievitare prima della cottura, ma deve restare nel luogo fresco fino a quando non venga messa nel forno. Anche le uova, delle quali si deve montare a neve l'albume, devono essere conservate in un luogo fresco.

T4 Netiquette per l'utilizzo della posta elettronica

Come nelle telefonate e nelle comunicazioni personali anche per la comunicazione via e-mail (tramite posta elettronica) valgono determinate regole di comportamento. Queste regole vengono chiamate regole di comportamento per la comunicazione attraverso posta elettronica o ‹netiquette› (una combinazione di internet e 'etiquette'). Per una comunicazione efficace osservare le seguenti regole:

1. Usare con prudenza (fare attenzione nell'usare) umorismo e emozioni. Le emozioni non si possono comunicare facilmente via e-mail. Può succedere che il destinatario non capisca il tono che si intendeva avere. L'umorismo sarcastico è particolarmente rischioso, perché può essere preso alla lettera dal mittente e inteso come un'offesa. Per esprimere delle emozioni usare eventualmente degli ‹emoticon›.

2. Riflettere prima di inviare un messaggio. Scrivere e inviare messaggi via mail è veloce e semplice, a volte troppo semplice. Pensare bene prima a quello che si vuole scrivere e possibilmente non scrivere se si è arrabbiati. Un messaggio inviato non può più tornare indietro (una volta inviato, il messaggio non può più tornare indietro).

3. Scrivere (specificare) l'oggetto del messaggio in modo chiaro e breve. Riassumere il contenuto del messaggio in poche parole. Le persone che ricevono molte mail possono riconoscere l'importanza di un messaggio in base all'oggetto.

4. Cercare di essere brevi (non scrivere delle mail troppo lunghe). Anche se le mail possono essere lunghe quanto si vuole, esse sono pensate per la comunicazione veloce. Molti utenti non hanno il tempo o la pazienza di leggere più di poche frasi.

5. Evitare di usare esclusivamente LETTERE MAIUSCOLE. Frasi scritte con lettere maiuscole vengono spesso sentite come 'urlate' e considerate quindi fastidiose e offensive.

Per la versione ufficiale andare sul sito: http://www.microsoft.com/italy/windows/default.mspx

Emoticon	Bedeutung	Significato
:) :-)	lächelnd, glücklich oder scherzend	sorriso, felicità o scherzo
:(:-(	stirnrunzelnd oder unglücklich	tristezza o risentimento
;-)	augenzwinkernd	complicità (ricorda lo strizzare l'occhio)
:-|	gleichgültig oder zwiespältig	indifferenza o ambivalenza
:-o	überrascht oder betroffen	sorpresa o turbamento
:-x	ohne etwas zu sagen	silenzio (bocca cucita)
:-p	Zunge herausstrecken (normalerweise im Spaß)	sberleffo (tirar fuori la lingua, in genere inteso in senso scherzoso)
:-D	lachend	riso

7 Lettere al giornale

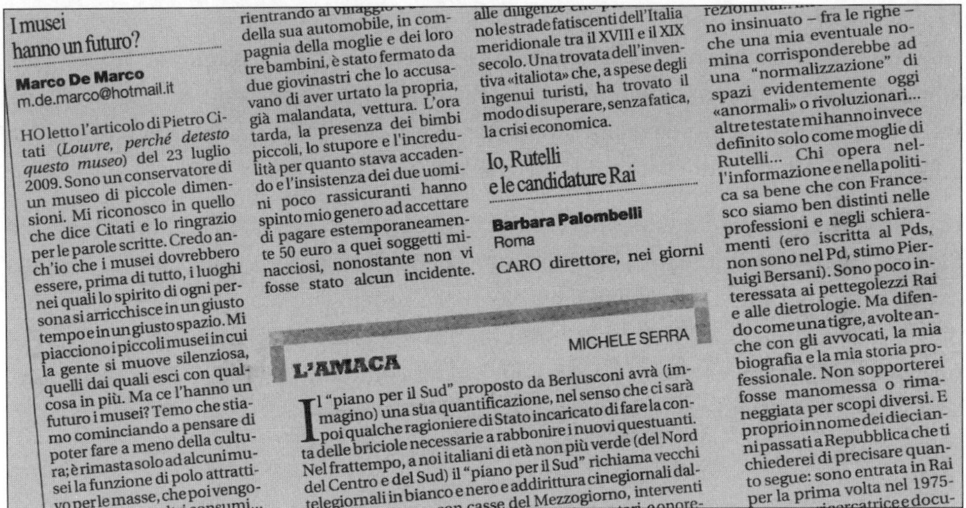

I musei hanno un futuro?

Marco De Marco
m.de.marco@hotmail.it

HO letto l'articolo di Pietro Citati (*Louvre, perché detesto questo museo*) del 23 luglio 2009. Sono un conservatore di un museo di piccole dimensioni. Mi riconosco in quello che dice Citati e lo ringrazio per le parole scritte. Credo anch'io che i musei dovrebbero essere, prima di tutto, i luoghi nei quali lo spirito di ogni persona si arricchisce in un giusto tempo e in un giusto spazio. Mi piacciono i piccoli musei in cui la gente si muove silenziosa, quelli dai quali esci con qualcosa in più. Ma ce l'hanno un futuro i musei? Temo che stiamo cominciando a pensare di poter fare a meno della cultura; è rimasta solo ad alcuni musei la funzione di polo attrattivo per le masse, che poi vengo…

… rientrando al villaggio … della sua automobile, in compagnia della moglie e dei loro tre bambini, è stato fermato da due giovinastri che lo accusavano di aver urtato la propria, già malandata, vettura. L'ora tarda, la presenza dei bimbi piccoli, lo stupore e l'incredulità per quanto stava accadendo e l'insistenza dei due uomini poco rassicuranti hanno spinto mio genero ad accettare di pagare estemporaneamente 50 euro a quei soggetti minacciosi, nonostante non vi fosse stato alcun incidente.

… alle diligenze che … no le strade fatiscenti dell'Italia meridionale tra il XVIII e il XIX secolo. Una trovata dell'inventiva «italiota» che, a spese degli ingenui turisti, ha trovato il modo di superare, senza fatica, la crisi economica.

Io, Rutelli e le candidature Rai

Barbara Palombelli
Roma

CARO direttore, nei giorni …

… rezionali… no insinuato – fra le righe – che una mia eventuale nomina corrisponderebbe ad una "normalizzazione" di spazi evidentemente oggi «anormali» o rivoluzionari… altre testate mi hanno invece definito solo come moglie di Rutelli… Chi opera nell'informazione e nella politica sa bene che con Francesco siamo ben distinti nelle professioni e negli schieramenti (ero iscritta al Pds, non sono nel Pd, stimo Pierluigi Bersani). Sono poco interessata ai pettegolezzi Rai e alle dietrologie. Ma difendo come una tigre, a volte anche con gli avvocati, la mia biografia e la mia storia professionale. Non sopporterei fosse manomessa o rimaneggiata per scopi diversi. E proprio in nome dei dieci anni passati a Repubblica che ti chiederei di precisare quanto segue: sono entrata in Rai per la prima volta nel 1975- …

L'AMACA — MICHELE SERRA

Il "piano per il Sud" proposto da Berlusconi avrà (immagino) una sua quantificazione, nel senso che ci sarà poi qualche ragioniere di Stato incaricato di fare la conta delle briciole necessarie a rabbonire i nuovi questuanti. Nel frattempo, a noi italiani di età non più verde (del Nord del Centro e del Sud) il "piano per il Sud" richiama vecchi telegiornali in bianco e nero e addirittura cinegiornali dal… … casse del Mezzogiorno, interventi …

Attività comunicative:
- esprimere approvazione o dissenso
- esprimere la propria opinione
- formule di augurio

G Grammatica:
- articolo e parti del corpo
- congiuntivo presente vs. imperativo
- congiuntivo in proposizioni dipendenti
- frase concessiva
- gradi dell'aggettivo: *cattivo / brutto* e *buono / bello*
- imperativo di cortesia
- periodo ipotetico della possibilità e dell'irrealtà

T Testi:

Testi modello (Italiano ▷ Tedesco):

T1 Lettere di lettori del quotidiano *La Stampa* e del mensile *L'Indice*

T3 Se un film non è adatto ai bambini, io voglio essere avvisata

Testi da tradurre (Tedesco ▷ Italiano):

T2 Leserkommentare zum neuen Format der *Frankfurter Rundschau*

T4 Karrierefrage

T5 Po kommt von Padus

T1 Lettere di lettori del quotidiano *La Stampa* e del mensile *L'Indice*

Ⓐ Complimenti per il «nuovo» giornale. Oltre al formato, mi sembra ora anche più completo in alcune parti della Cultura e degli Esteri. Bravi a tutti.

R. M., Verona

Ⓑ Buongiorno direttore,
sono un (recente) abbonato de *L'Indice* (ma lettore dello stesso da tempo). Ho ricevuto adesso il vostro numero di gennaio. Che schifo di carta! Prima non era meravigliosa, ma ora è pessima. Trattando di libri dovreste sapere che la carta patinata rende difficile e faticosa la lettura! Ritornate sui vostri passi!!!

Ⓒ Sono rimasto profondamente deluso dal restyling del giornale. Fino a oggi *La Stampa* è stato un quotidiano che si distingueva per la chiarezza della grafica. Ritengo che con il rinnovamento il giornale perda questo pregio che finora mi ha sempre portato a preferirlo agli altri, dei quali assume invece la caratteristica peggiore, cioè il formato. Immagino che dietro il restyling ci sia il lavoro di un'équipe di esperti; però, se questo è il risultato, tanto vale tornare indietro.

C. T., Latina

Ⓘ Ⓓ Le due lingue a confronto

espressioni di soddisfazione	
Brava! Bravi!	*Bravo!*
Complimenti per il nuovo formato!	*Ich gratuliere zum neuen Format!*
Congratulazioni per la laurea.	*Ich gratuliere zu dem Studienabschluss!*

Con *complimenti* si esprime ammirazione, mentre *congratulazioni* è usato piuttosto quando si partecipa alla felicità di qualcuno.

espressioni di augurio	
In bocca al lupo!	*Ich drücke dir die Daumen!*
Tanti auguri per il tuo compleanno!	*Herzlichen Glückwunsch zum Geburtstag!*
Non le ho ancora fatto gli auguri.	*Ich habe ihr noch nicht gratuliert.*

espressioni di biasimo	
Che schifo di carta!	*Was für scheußliches Papier ist das!*
Che vergogna! Perché avete pubblicato quelle foto? Vergognatevi!	*Welche Schande! Warum habt ihr solche Fotos veröffentlicht? Schämt euch!*

espressioni di rammarico	
Speravo di trovare la rivista all'edicola e invece ... che delusione!	*Ich habe gehofft, die Zeitschrift am Kiosk zu finden, stattdessen ... Was für eine Enttäuschung!*
Non c'è più la rubrica dedicata alla cucina: che peccato!	*Die Kochkolumne wurde abgeschafft: wie schade!*

❶ *Inserite nelle frasi sottostanti le* ***espressioni esclamative*** *che vi sembrano più adatte.*

tanti auguri
che peccato
che figura
che vergogna
che delusione
in bocca al lupo
complimenti
congratulazioni
che schifo di pettinatura

a) Ho saputo che vi siete sposati. ....!

b) Sono stata dal parrucchiere, ma non sono per niente soddisfatta. ....!

c) È vero che domani ti presenti per un colloquio di lavoro? Allora, ...!

d) .... per il tuo compleanno.

e) So che avete vinto la partita. .... per la vittoria.

f) È andato all'esame senza prepararsi affatto. .... di fronte agli altri studenti!

g) Purtroppo i biglietti per il concerto di Pollini erano esauriti. ....!

h) La Sua tesina era veramente eccellente. ....!

i) Siamo arrivati quando la conferenza era già iniziata. ....!

j) ....! Per il mio compleanno ho ricevuto solo una scatola di cioccolatini.

❷ *Traducete in tedesco le lettere precedenti in T1.*

Ⓖ Comparativo e superlativo assoluto di *cattivo / brutto* e *buono / bello*

Con la carta patinata il giornale è ***peggiore*** *di prima.*
Nella nuova grafica mi sembra ***pessimo / bruttissimo****.*
La pagina della cultura di quel quotidiano è ***la peggiore*** *che ci sia, è* ***la più brutta*** *di tutti.*

Le forme di comparativo e superlativo *peggiore* e *pessimo* si usano quando l'aggettivo di grado positivo è sia *cattivo* sia *brutto*. Anche *buono* e *bello* hanno in comune le forme del comparativo e del superlativo *migliore* e *ottimo*, oltre alle forme *più buono, buonissimo / più bello, bellissimo*. *Questo romanzo è brutto* (non *cattivo*!), *ma l'altro è ancora peggio* (o: *ancora più brutto*).
Diremo: *Quell'uomo è buono. = Der Mann ist gut / gutmütig. Il gelato è buono. = Das Eis ist köstlich*. Oppure: *Quel cane è cattivo. = Der Hund ist bissig*. Ma quando si dà un giudizio di valore si usano *bello / brutto*. *Questo quadro / libro / film / concerto è bello / brutto*.

Per quanto riguarda le corrispondenti **forme avverbiali** abbiamo: *bene / meglio / ottimamente* e *male / peggio / pessimamente*. Il comparativo dell'avverbio (*meglio* e *peggio*) si usa anche con funzione di aggettivo quando il verbo che li precede è *essere, sembrare* o *parere*.
Con la carta patinata il giornale è peggio di prima.

Si ricordi infine la distinzione tra il **superlativo assoluto** – *Questa recensione è pessima.* (*Diese Rezension ist sehr schlecht.*) – e il **superlativo relativo** – *Questo film è il più bello (il migliore) che io abbia mai visto. = Dieser Film ist der beste, den ich je gesehen habe. Questa recensione è la più brutta (questa è la peggiore recensione) tra tutte quelle scritte da quel critico. = Diese Rezension ist die schlechteste, die dieser Kritiker je geschrieben hat.*

❸ *Completate le frasi seguenti con forme adatte del* ***comparativo o superlativo*** *(relativo o assoluto) di* ***buono/bello, brutto/cattivo****.*

a) Questa rivista mi piace moltissimo. A mio parere è ....!
b) Questo giornalista è bravo, ma il suo collega è .... di tutti.
c) Come avete trovato l'editoriale? A me è sembrato .... Che delusione!
d) Confrontando le recensioni, si nota che quelle di Lodoli sono .... di quelle della Tornabuoni.

e) Il servizio sulla manifestazione di Milano della Stampa non è chiaro, è senz'altro .... di quello sul Sole 24 Ore, che ho trovato invece molto preciso.

f) La pagina con l'oroscopo è sempre piuttosto stupida, ma quella di questo giornale è per me .... di tutte.

g) Complimenti per i servizi sulla famiglia italiana. sono veramente ....!

h) L'aspetto .... del nuovo formato è la grafica. Secondo me è molto riuscita.

T2 Leserkommentare zum neuen Format der *Frankfurter Rundschau*

Ⓐ Kommentar von Nadine L. | *Geschrieben am 30. Mai 2007 um 13:29 Uhr*

Ganz entgegen der Meinungen meiner «Vorkommentierer» bin ich begeistert vom neuen Format. Magazinartig-locker layoutet, mehr Farbe und mehr Übersicht bei gleichbleibend guter Information. [...] Zugegeben, das Teilen der Zeitung ist schwerer geworden, aber bei Weitem nicht unmöglich. Mir persönlich macht das jedoch nicht viel aus. [...]
Ich habe die Rundschau – auch das muss ich zugeben – bislang nicht regelmäßig gelesen, aber das neue Format ist für mich ein triftiger Grund, die Zeitung zu abonnieren. Ich bin jedenfalls gespannter als je, wie sich das neue Format der FR unter den Lesern etablieren und verändern wird, und gratuliere Euch zu einem guten Schritt in die richtige Richtung.

Ⓑ Kommentar von Katrin | *Geschrieben am 30. Mai 2007 um 13:35 Uhr*

Hallo, das neue Format gefällt mir sehr gut, viel praktischer!!!
Was mir nicht gefällt, ist der Inhalt!! [...] Und vor allem: warum diese vielen Farbfotos????? Schließlich hoffe ich, dass es genug Exil-Hessen gibt, um den großen Regionalteil zu rechtfertigen und damit den Verlust von Nicht-Hessen auszugleichen ... Von wegen mehr junge Menschen und Frauen zu gewinnen ... Bei unserem Abo überlegen wir stark, es zu kündigen (was, um es nochmal zu betonen, nicht am Format, sondern am INHALT liegt).

Ⓒ Kommentar von Uwe G. | *Geschrieben am 30. Mai 2007 um 13:09 Uhr*

Meine Meinung zur neuen FR fällt dann doch schlecht aus. Das ist nicht mehr die Rundschau, die ich seit Jahren schätzen gelernt habe. Das Layout erinnert mich doch stark an eine Zeitung aus dem Springer Verlag.
Das Format ist wirklich unhandlich.
Wie auch schon erwähnt, finde ich es nicht gut, dass die ganze Zeitung «in einem

Stück» ist. Früher konnte man noch mal sagen, du nimmst den Sport, ich die Wirtschaft.
So gefällt mir die FR gar nicht mehr. Da muss man sich überlegen, ob es noch Spaß macht, sie zu lesen. Heute morgen hatte ich jedenfalls keinen.
MfG.

❹ *Completate la seguente tabella relativa alle lettere del T2 scrivendo nelle caselle sì, no, non si esprime (#).*

	legge abitualmente la FR	è favorevole al formato nuovo	critica soprattutto i contenuti	rimpiange la divisione in sezioni	apprezza l'uso del colore	pensa di non leggere più la FR
lettore Ⓐ						
lettore Ⓑ						
lettore Ⓒ						

❺ *Traducete in italiano le espressioni sottolineate in T2.*

❻ *Traducete in italiano le seguenti* ***frasi esclamative*** *o* ***interrogative****.*

a) Wie stehen Sie dazu?

....

b) Was würden Sie mir raten?

....

c) Was für ein schrecklicher Artikel!

....

d) Hören Sie endlich auf mit dieser sexistischen Werbung!

....

e) Mein Kompliment! Das war eine tolle Reportage über Indien!

....

f) Weiter so! Ich drücke euch die Daumen für die nächste Ausgabe!

....

T3 Se un film non è adatto ai bambini, io voglio essere avvisata

Caro Direttore,

ho comprato *Sorrisi* un po' in ritardo questa settimana. Ma ora che mi sono seduta un attimo per leggermi in pace almeno il sommario, sono rimasta colpita dal Suo editoriale.

Ho 36 anni, due figli di 4 e 7 anni ed un lavoro part-time che mi regala anche un po' di indipendenza. Vivo abbastanza inserita, insomma, in quest'epoca così tanto «progredita». E ne sono profondamente delusa.

Ciò che Le ha scritto Susanna sull'inadeguatezza della programmazione televisiva è vero. Ed aggiungo che lo è a partire proprio dalla maggior parte dei programmi dedicati ai bambini, con cartoni animati «urlati» che trasmettono solo un senso di agitazione.

Ho letto attentamente il vostro servizio sul film «300» e La ringrazio di averlo commentato per noi; non posso che prendere atto della desolazione di una società che vuole essere così tanto «civile» e «moderna» da cancellare anche un metodo di protezione come la censura cinematografica e preferendo lasciare tutti liberi di scegliere se questo tipo di film sia più o meno osceno. Perciò sembra che il metodo sia: chiunque voglia si veda pure il film, si memorizzi bene tutto il sangue e la violenza a cui assiste; [...]

Beh, questo a me non va giù. A me non dispiace se qualcuno mi avverte prima, mi dice che potrebbe non essere adatto. Perché deve essere così sbagliato che ci siano segnalati dei pericoli, delle situazioni di disagio in cui forse non ci saremmo trovati se qualcuno ce ne avesse parlato prima? [...]

Vorrei che i miei coetanei la smettessero di fare tanto i moderni e si ricordassero di come eravamo noi da bambini.

Isabella S.

❼ *Ricercate nelle lettere precedenti, italiane e tedesche, i* ***vocaboli relativi alla redazione di un giornale****, aggiungetene altri che conoscete o che avete cercato nel vocabolario. Scrivete sempre il corrispondente nell'altra lingua.*

a) parti e rubriche del giornale

la pagina della cultura (la terza pagina) = das Feuilleton

l'editoriale = ...

.... = das Wetter

.... = der Regionalteil

il sommario	=	....
....	=	....
....	=	....
....	=	....

b) il lay-out e la distribuzione

il formato	=	das Format, die Größe
....	=	die Auflage
....	=	das Farbfoto
....	=	....
....	=	....
....	=	....

8 *Le frasi seguenti contengono alcune espressioni idiomatiche: quale delle due frasi tedesche equivale al significato della frase originaria?*

a) La lettrice vorrebbe leggersi <u>in pace</u> almeno l'indice della rivista.

① Die Leserin möchte wenigstens das Inhaltsverzeichnis in aller Ruhe lesen. ❑

② Die Leserin möchte bequem sitzen, um wenigstens das Inhaltsverzeichnis zu lesen. ❑

b) È rimasta <u>colpita</u> dall'editoriale.

① Sie war von dem Leitartikel betroffen. ❑

② Sie war von dem Leitartikel beeindruckt. ❑

c) Dobbiamo <u>prendere atto</u> dell'indifferenza che domina nella nostra società.

① Wir müssen uns mit der Gleichgültigkeit, die in unserer Gesellschaft herrscht, auseinandersetzen. ❑

② Wir müssen die Gleichgültigkeit, die in unserer Gesellschaft herrscht, zur Kenntnis nehmen. ❑

d) Lei non approva la violenza di certi film, <u>non le va giù</u>.

① Sie missbilligt die Gewalt in manchen Filmen, das macht sie ganz deprimiert. ❑

② Sie missbilligt die Gewalt in manchen Filmen, sie kann sie nicht akzeptieren. ❑

e) Alla fine della lettera si rivolge ai suoi coetanei per dirgli di smetterla di fare tanto i moderni.

① Am Ende des Briefes wendet sie sich an Gleichaltrige, um ihnen zu sagen, sie sollten aufhören, die «Modernen» zu spielen. ❑

② Am Ende des Briefes wendet sie sich an Gleichaltrige, um ihnen zu sagen, dass sie nicht mehr so modern sind. ❑

❾ *Traducete in italiano le frasi seguenti in cui si esprime* ***una reazione, uno stato d'animo, approvazione, dissenso****.*

a) Wir waren sehr beeindruckt von Ihrem Artikel.

....

b) Wir sind tief enttäuscht von der Sendung vom 30.3.

....

c) Ich danke Ihnen für Ihre Stellungnahme.

....

d) Ich habe nichts dagegen, dass Kinderprogramme der Zensur unterworfen werden.

....

e) Teilen Sie die Meinung dieser Leserin?

....

f) Ich bin völlig dagegen. Ich kann es wirklich nicht verstehen.

....

❿ *Riassumete in tedesco in circa 50 parole la lettera al direttore di «Sorrisi e canzoni» T3.*

....

....

....

....

....

....

Uso del congiuntivo in proposizioni dipendenti

Il congiuntivo si usa in italiano quasi esclusivamente in frasi secondarie. Tra le strutture verbali più comuni che reggono il congiuntivo:

- verbi di desiderio e di volontà (*desiderare, sperare, augurarsi, volere, ecc.*)
- verbi di timore (*temere, aver paura, ecc.*)
- verbi di opinione (*pensare, credere, ritenere, supporre, immaginare, essere del parere, avere l'impressione, non sapere se, ecc.*)
- espressioni impersonali (*è sbagliato che, sembra incredibile che, bisogna che, ecc.*)
- pronomi indefiniti che introducono una relativa (*chiunque, dovunque, comunque, ecc.*)
- alcune congiunzioni soprattutto concessive e finali (*benché, qualora, affinché, purché, prima che, ecc.*)

Attenzione: espressioni che relativizzano un'opinione, per es. *secondo me, a mio avviso, a mio parere*, non formano di per sé una frase, quindi il verbo che segue ovviamente non è al congiuntivo. *A mio avviso è abbastanza chiaro*. Invece: *Mi sembra che sia abbastanza chiaro.*

11 *Sottolineate in T1 c) e nella seconda parte di T3 le forme del* ***congiuntivo****, trascrivetele ed elencate le strutture che le reggono. Indicate anche il motivo per cui viene usato il congiuntivo.*

Es.: perda   ritengo che il giornale perda (verbo di opinione)

12 *Motivate l'uso o il non uso del modo* ***congiuntivo*** *nelle seguenti frasi e traducetele poi in tedesco.*

a) Ritenete che la signora Severi abbia ragione?

....

b) Immagino che i film molto violenti diano fastidio alla maggior parte delle persone.

....

c) Anche a mio parere la censura dovrebbe intervenire nella programmazione televisiva.

....

d) A questo punto temiamo che non si possa più fare molto.

....

e) La signora Severi dice che questa libertà di scelta ha una pessima influenza sui figli.

....

f) Aggiunge inoltre che non c'è da meravigliarsi se poi questi non rispettano le regole.

....

G Congiuntivo presente ed imperativo

Le forme dell'imperativo della terza persona coincidono con quelle del congiuntivo presente.
Ich befürchte, dass auch Sie solche Filme anschauen. = Temo che anche Lei guardi film del genere.
Schauen Sie lieber etwas anderes an! = Guardi piuttosto qualcos'altro!

verbi in -are		verbi in -ere		verbi in -ire	
congiuntivo presente	imperativo	congiuntivo presente	imperativo	congiuntivo presente	imperativo
io pensi		io legga		io apra	
tu pensi	pensa	tu legga	leggi	tu apra	apri
lei/lui pensi	**pensi**	**lei/lui legga**	**legga**	**lei/lui apra**	**apra**
noi pensiamo	pensiamo	noi leggiamo	leggiamo	noi apriamo	apriamo
voi pensiate	pensate	voi leggiate	leggete	voi apriate	aprite
loro pensino	**(pensino)**	**loro leggano**	**(leggano)**	**loro aprano**	**(aprano)**

13 *Traducete le frasi seguenti coniugando correttamente i verbi nel modo* ***imperativo*** *o* ***congiuntivo****.*

a) Schreiben Sie bitte an die Redaktion, Frau Sager!

....

b) Glaubst du, dass er den Brief tatsächlich schreiben wird?

....

c) Bravo! Mach weiter so!

....

d) Ich will nicht, dass die Kinder sich weiter solche Fernsehsendungen anschauen.

....

e) Denkt an die Kinder!

....

f) Es ist nötig, dass ihr an eure Zukunft denkt.

....

⓮ *Traducete in italiano le seguenti frasi, tipiche per una lettera al giornale. Attenzione ai modi* ***imperativo*** *e* ***congiuntivo***.

a) Ich will nicht, dass mein elfjähriger Sohn sich solche Filme anschaut.

....

b) Vielen Dank für Ihren sehr informativen Artikel zu dem Medienkonsum. Machen Sie weiter so!

....

c) Wir hoffen, dass Ihre Rubrik viele Leser findet.

....

d) Lieber Chefredakteur, denken Sie daran, dass Ihre Zeitung auch von Jugendlichen gelesen wird!

....

e) Es ist nicht falsch, dass manche Sendungen als nicht geeignet für Minderjährige gekennzeichnet werden.

....

f) Sehr geehrte Damen und Herren der Redaktion, veröffentlichen Sie bitte solche Reportagen nie wieder!

....

T4 Karrierefrage

Ich trage als Mann schon seit dem Abitur lange Haare. Obwohl sie sehr gepflegt sind und ich auch ansonsten gut gekleidet auftrete, bin ich mir nach dem Abschluss meines Studiums unsicher, ob meine Bewerbungschancen als Kurzhaariger besser wären. Wie stehen die einzelnen Branchen dazu?

D I Le due lingue a confronto

l'aspetto esteriore e gli articoli

Spesso in italiano si usa l'articolo laddove in tedesco non c'è, o l'articolo determinativo, mentre in tedesco troviamo l'indeterminativo. Vedi anche il capitolo 3 Interviste.

Ich trage lange Haare.	Porto i capelli lunghi.
Meine Schwester hat auch blaue Augen.	Anche mia sorella ha gli occhi azzurri.
Er hat eine krumme Nase.	Ha il naso storto.
Du hast wunderschöne Zähne.	Hai dei denti meravigliosi.
Sie trägt eine Sonnenbrille.	Porta gli occhiali da sole (un paio di occhiali da sole).
Er hatte dunkle Jeans an.	Indossava un paio di (dei) jeans scuri.

G La frase concessiva

La frase concessiva si può rendere in italiano con:
- una congiunzione (*sebbene, benché, nonostante*) + il congiuntivo
- la congiunzione *anche se* seguita dall'indicativo (questa è la congiunzione concessiva più usata nella comunicazione orale)
- il gerundio preceduto da *pur* e seguito dal soggetto (quando questo è diverso da quello della principale):

Obwohl meine Haare sehr gepflegt sind, gehe ich nicht oft zum Friseur. =
Sebbene i miei capelli siano molto curati, non vado spesso dal parrucchiere.
Anche se i miei capelli sono molto curati, ...
Pur essendo i miei capelli molto curati, ...

15 *Traducete in italiano le seguenti **frasi concessive**.*

a) Obwohl sie lange Haare haben, sind sie doch keine Hippies.

....

b) Mathilde ist ein sehr hübsches Mädchen, auch wenn sie eine sehr ausgeprägte Nase hat.

....

c) Obwohl Sandra sehr feine Hände hat, spielt sie kein Klavier.

....

d) Obwohl er krumme Beine hat, kann er wunderbar tanzen.

....

e) Mein Sohn hat sehr schöne Zähne, auch wenn er sie nicht regelmäßig putzt.

....

G Il periodo ipotetico

Il periodo ipotetico della possibilità si rende con *se* + congiuntivo imperfetto nella protasi e il condizionale semplice nell'apodosi.
Se credessi che serve a qualcosa, scriverei una lettera al Corriere.

Nel periodo ipotetico dell'irrealtà troviamo i rispettivi tempi composti: *se* + congiuntivo trapassato nella protasi e condizionale composto nell'apodosi.
Se avessi avuto le idee più chiare, avrei scritto una lettera al Corriere.

16 *Completate liberamente i seguenti periodi ipotetici.*

a) Se questo lettore avesse i capelli corti, ...

....

b) Se ci fosse la censura sui programmi televisivi, ...

....

c) Il direttore del giornale risponderebbe a tutte le lettere se ....

....

d) Se il nuovo formato fosse piaciuto ai lettori, ...

....

e) Il giornale non avrebbe pubblicato questa lettera se ....

....

f) Tanti lettori non leggerebbero «la posta del cuore» se ....

....

g) Se non fossero arrivate tante lettere su quel tema, ...

....

h) Se ....

avresti notato che *La Stampa* ha un nuovo formato.

✍ ***Traducete in italiano il T4. Confrontate poi la vostra traduzione con quella alla fine del capitolo.***

⓱ *Rispondete in italiano (circa 50 parole) al lettore del T4.*

Caro lettore ‹capellone›,

....

....

....

....

....

....

....

T5 Po kommt von Padus

Zum Artikel «Nebel über den Reformen» (FAZ vom 12. März): Bitte informieren Sie doch Heinz-Joachim Fischer darüber, dass der italienische «Po» im Lateinischen «Padus» heißt und nicht «Padanus» («padanus» lautet das Adjektiv, zum Beispiel in «cispadanus» und «transpadanus»). Der Fehler wurde in Ihrer anspruchsvollen Zeitung vor ein paar Wochen schon einmal gemacht. Ich dachte seinerzeit, es sei ein bloßer Druckfehler, und wollte nicht beckmesserisch erscheinen. Der Verfasser des Artikels über Bossi kennt das Wort «Padus» aber anscheinend wirklich nicht. Damit den Lesern in Zukunft nicht etwa von irgendwem erzählt wird, «Padanien» käme von «Pardauz», habe ich mich zu vorliegenden Zeilen entschlossen. Es ist schon ärgerlich, in einer Zeitung mit Niveau solchen Lapsus wiederholt anzutreffen.

Professor Dr. J. P., Mainz

D I Le due lingue a confronto[1]

formule tipiche delle lettere ad un giornale

Zum Artikel «…» = In riferimento all'articolo «...» / Per quanto riguarda l'articolo... vorrei precisare / ricordare / dire che ...
In uno stile più burocratico trovate la formula: *Betr.*: (*Betreff*) che corrisponde all'italiano: *Ogg.*: (*oggetto*).

il destinatario

Quando non abbiamo un nome preciso a cui indirizzare la lettera il tedesco usa spesso la formula *Sehr geehrte Damen und Herren*. In italiano scriveremmo: *Gentili signori / Egregi signori / Spettabile redazione.*

i saluti

Mit freundlichen Grüßen = Cordiali saluti

⓲ *Traducete in italiano. Attenzione ai* ***modi verbali*** *delle frasi secondarie.*

a) Der Autor des Artikels glaubt, dass «Po» von «Padanus» kommt.

....

[1] Per altre formule tipiche in una lettera v. il capitolo 2 «Mail/Lettere». Molti esempi di lettere si possono trovare nel dizionario bilingue S.Kolb e L.Giacoma, *Großwörterbuch Deutsch-Italienisch/Italienisch-Deutsch*, Pons Klett / Zanichelli 2005.

b) Der Leser ist der Meinung, dass solche Fehler nicht passieren sollten.

....

c) Der Leser hat geschrieben, dass der Verfasser des Artikels sich hätte besser informieren sollen.

....

d) Wir vermuten, dass der Redakteur den Fehler übersehen hat.

....

e) Man merkt, dass der Leser verärgert ist.

....

f) Meinst du, dass er Lateinlehrer ist?

....

g) Befürchtet ihr, dass die Redaktion so einen Brief nicht ernst nimmt?

....

h) Finden Sie, dass er zu pedantisch ist?

....

✍ ***Traducete in italiano il T5. Confrontate poi la vostra traduzione con quella alla fine del capitolo.***

⓳ *Immaginate di essere l'autore dell'articolo «Nebbia sulle riforme» e di rispondere in circa 50 parole alla lettera del Prof. J.P.*

Caro Professor P.,

....

....

....

....

....

H.-J. Fischer

Traduzioni dei testi tedeschi

T4 Una domanda sulla carriera

Sono un uomo e fin dai tempi della maturità porto i capelli lunghi. Sebbene li curi molto e sebbene io comunque mi presenti sempre ben vestito, ora, alla fine dei miei studi (conclusi gli studi), non so se (mi domando se) avrei maggiori possibilità di trovare un lavoro se avessi i capelli corti. Qual è la posizione dei vari ambiti professionali (settori) su questo tema?

T5 Po deriva da Padus

In riferimento all'articolo «Nebbia sulle riforme» (FAZ del 12 marzo): per favore informate Hans-Joachim Fischer che l'italiano «Po» in latino si chiama «Padus» e non «Padanus» (»padanus» è l'aggettivo, per esempio in «cispadanus» e «transpadanus»). L'errore era già stato fatto una volta nel vostro prestigioso giornale un paio di settimane fa. A suo tempo ho pensato che si trattasse di un banale errore di stampa (refuso), e non volevo apparire pignolo. Ma, a quanto pare, l'autore dell'articolo su Bossi ignora veramente la parola «Padus». Affinché ai lettori in futuro non si racconti che «Padania» viene da «Pardauz», mi sono deciso a scrivere queste righe. È veramente spiacevole che in un giornale di qualità si incontri ripetutamente un tale lapsus.

Prof. J. P., Magonza

8 Articoli di cronaca

Attività comunicative: riassumere il contenuto di un articolo di giornale riguardante un fatto di cronaca
riferire un fatto di cronaca
riportare il discorso di altri

Ⓖ Grammatica: connettivi testuali
discorso indiretto
frasi implicite
nominalizzazione
passivo
preposizione *da*

Ⓣ Testi: Testi modello (Italiano ▷ Tedesco):

T1 Berlino. Folle accoltella più di 28 persone. Sei sono gravi
T2 Il dramma processuale dall'aula di tribunale alle pagine del romanzo

Testi da tradurre (Tedesco ▷ Italiano):

T3 Der Amokläufer bleibt im Untersuchungshaft
T4 Ein Mord wie im Buch

T1 Berlino. Folle accoltella più di 28 persone. Sei sono gravi

La grande festa popolare per l'inaugurazione della nuova stazione centrale è stata turbata la notte scorsa a Berlino dalla violenza inconsulta di un giovane sedicenne, che si è avventato con un coltello sulla folla di visitatori ferendo almeno 28 persone. Il giovane, che sembra fosse del tutto ubriaco, è entrato in azione subito dopo la conclusione dei grandiosi festeggiamenti e dello spettacolare show di luci, musica e colori che hanno accompagnato in tarda serata l'inaugurazione della Hauptbahnhof realizzata in un punto dove un tempo passava il muro, non lontano dal nuovo quartiere governativo.

Intorno alle 23:30 il 16enne ha preso a colpire indiscriminatamente con un coltello la gente che a decine di migliaia defluiva dal luogo dello spettacolo. Sei delle 28 persone colpite hanno riportato ferite di una certa gravità. Una di esse, che in un primo momento era stata dichiarata in pericolo di vita, è ora in condizioni meno preoccupanti.

L'accoltellatore è stato bloccato e arrestato dalla polizia. Si tratta di un tedesco già noto alla polizia per altri atti di violenza, ma non sono ancora chiari i motivi del suo gesto. Il padre del giovane ha detto anch'egli di non poter spiegare in alcun modo il gesto del figlio, per il quale si è detto sorpreso e turbato.

❶ *Riassumete sommariamente il contenuto dell'articolo di cronaca rispondendo alle cinque domande.*

a) Chi? ....

b) Dove? ....

c) Quando? ....

d) Che cosa? ....

e) Perché? ....

(I)(D) Le due lingue a confronto

L'espressione ***sembra che*** + secondaria con il congiuntivo corrisponde in tedesco a avverbi del tipo *anscheinend / wahrscheinlich / vermutlich:*

Sembra che fosse del tutto ubriaco. *Er war vermutlich vollkommen betrunken.*

Il verbo fraseologico ***prendere a*** + infinito indica l'inizio improvviso di un'azione. A seconda del verbo che segue può essere reso con il tedesco *anfangen zu* + infinito o con l'avverbio *plötzlich* che precede il verbo che indica l'azione.

Ha preso a insultarmi.	*Er hat angefangen, mich zu beschimpfen.*
Ha preso a colpire (con un coltello).	*Er hat plötzlich auf die Menschen eingestochen.*

2 *Scrivete accanto alle seguenti parole la corrispondente traduzione tedesca, scegliendo fra le possibilità indicate nel riquadro.*

festnehmen | Gewalttat | wahllos einstechen | eine Verletzung davontragen | in Lebensgefahr schweben | Geistesgestörter | mit einem Messer auf etw./jdn. losgehen

a) folle ....

b) avventarsi con un coltello ....

c) riportare una ferita ....

d) colpire indiscriminatamente ....

e) essere in pericolo di vita ....

f) reato / atto di violenza ....

g) arrestare ....

3 *Partendo dai seguenti verbi, formate i sostantivi che indicano l'azione espressa dal verbo. Usate i suffissi: -sione/-zione (3 volte), -mento (4 volte), senza particolare suffisso (2 volte).*

a) accompagnare ....

b) arrestare ....

c) bloccare ....

d) concludere ....

e) ferire ....

f) festeggiare ....

g) inaugurare ....

h) turbare ....

i) uccidere ....

G Il passivo

Il passivo, molto usato nelle cronache giornalistiche, in italiano si forma con il verbo *essere* o *venire* coniugato al tempo e al modo del verbo della forma attiva più il participio passato (vedi capitolo 6 «Ricette/Istruzioni»).

Centinaia di persone visitano giornalmente la mostra → *La mostra è (viene) visitata giornalmente da centinaia di persone.*

Il verbo *venire* sottolinea l'azione espressa, ed è usato esclusivamente nei tempi non composti: *La polizia ha arrestato il ladro.* → *Il ladro è stato arrestato dalla polizia.*

Il complemento oggetto della frase attiva diventa soggetto; il verbo attivo diventa passivo; il soggetto, se c'è, diventa complemento d'agente o di causa efficiente ed è preceduto dalla preposizione *da*.
A questa preposizione corrisponde in tedesco di volta in volta la preposizione *von* nel caso di persone, esseri viventi, concetti personificati e singoli oggetti:
Il malato viene / è operato dal primario. = *Der Kranke wird heute vom Chefarzt operiert.*
L'alpinista venne colpito da un fulmine. = *Der Bergsteiger wurde vom Blitz erschlagen.*
La preposizione *durch* per i processi (eventi, catastrofi naturali, ecc.).
Il ferito è stato salvato da / con un intervento d'urgenza. = *Der Verletzte wurde durch eine Notoperation gerettet.*

❹ *Trasformate le seguenti frasi dalla* ***forma*** *attiva a quella* ***passiva****.*

a) La polizia insegue il ladro.

....

b) Il tribunale ha assolto l'imputato per insufficienza di prove.

....

c) I giovani amavano molto Michael Jackson.

....

d) Leonardo da Vinci dipinse il «Cenacolo» fra il 1495 e il 1498.

....

e) Penso che la libreria Feltrinelli inviti il giornalista Travaglio a presentare il suo nuovo libro.

....

f) Secondo le ultime informazioni la polizia avrebbe arrestato oggi un pericoloso boss mafioso.

....

❺ *Traducete in tedesco le seguenti* ***frasi passive***.

a) Alcuni sciatori sono stati travolti ieri da una valanga.

....

b) I musei Vaticani vengono visitati ogni anno da migliaia di turisti.

....

c) La città di Messina fu interamente distrutta da un terremoto nel 1908.

....

d) Il professor Starnone era amato da tutti gli allievi.

....

e) La gita scolastica verrà organizzata da un gruppo di studenti.

....

f) Credo che quel giallo di Camilleri sia stato pubblicato da Sellerio.

....

I D Le due lingue a confronto

Alcuni verbi nel contesto dell'articolo di cronaca

Il verbo *accoltellare* corrisponde in tedesco a diversi verbi a seconda dell'esito dell'azione. Abbiamo così: *erstechen* nel senso di *uccidere* (con un coltello, a colpi di coltello) e *niederstechen / auf jdn. einstechen* nel senso di *ferire / aggredire* (con un coltello, a colpi di coltello).

Allo stesso modo *sparare a qu.* oltre che con *auf jdn. schießen*, si renderà con *niederschießen*, nel senso di *ferire* (con un'arma da fuoco, a colpi di arma da fuoco) e *erschießen* in quello di *uccidere* (con un'arma da fuoco, a colpi di arma da fuoco).
In generale l'uccisione è indicata in tedesco dal prefisso *er-* e il ferimento da *nieder-*.

Nel caso del verbo *sparare*, che si costruisce con l'oggetto indiretto (*sparare a qu.*), la persona a cui si spara non può essere in italiano il soggetto di una frase passiva: Gli hanno sparato. = *Er wurde erschossen.*

Dare un pugno / uno schiaffo / una pedata a qu. (colpire qu. con ...) = *jdm. einen Faustschlag versetzen, eine Ohrfeige / einen Fußtritt geben.*

❻ *Traducete in italiano le seguenti **notizie di agenzia**. Notate che in alcune frasi si usa come tempo passato il Präteritum e in altre il Perfekt. Siccome i fatti riportati negli articoli di cronaca di norma sono successi recentemente, per tradurre un tempo perfettivo si dovrà usare il **passato prossimo** e non il passato remoto:*

a) Eine junge Frau ist am Freitag am Hanauer Hauptbahnhof von einem Mann erstochen worden. Wie ein Polizeisprecher berichtete, handelt es sich vermutlich um ein Beziehungsdrama.

....

....

....

b) Ein 20jähriger Vietnamese ist, wie erst gestern bekannt wurde, am Montagnachmittag niedergestochen worden. Glücklicherweise schwebt er nicht mehr in Lebensgefahr.

....

....

....

c) Vor einer Diskothek in Baden ist ein Türsteher von einem Mann niedergeschossen und schwer verletzt worden.

....

....

....

Ⓖ La preposizione *da*

Oltre a indicare l'agente o la causa efficiente con un passivo, la preposizione *da*, nel suo significato fondamentale esprime il moto da luogo ed è usata con verbi come *partire*, *venire*, *uscire*, ecc. Indica inoltre la provenienza, il distacco e segue verbi come *separare*, *dipendere*, *derivare* o gli aggettivi *diverso*, *dipendente*, *indipendente*.
Ma attenzione: *uscire di casa*, *essere di Modena*, *essere di origine etiope*.

Da è pure usata per indicare:

- stato e moto verso persona (*ti aspetto da Carla, vado dalla nonna*)
- tempo (*lo conosco da due anni, da domani non ho più tempo*)
- prezzo (*un francobollo da 55 centesimi*)
- qualità (*uomo dagli occhi scuri*)
- scopo, funzione (*occhiali da sole, tazza da tè*)
- in senso passivo davanti a un infinito in costruzioni come: *è un film da vedere* (*che deve essere visto*)
- nelle consecutive implicite davanti a un infinito (*Paolo è così intuitivo da capire subito lo stato d'animo dell'interlocutore.*)

Spesso possono sorgere problemi quando complementi diversi si rendono in italiano con *di* o *da* e in tedesco con *von*:
un film di Fellini = ein Film von Fellini
un film girato da Fellini = ein Film, der von Fellini gedreht wurde.

❼ *Completate con le* ***preposizioni di*** *o* ***da*** *e l'articolo se necessario.*

a) Fu colpito .... una pietra.

b) L'imputato venne assolto .... accusa.

c) Abita lontano .... università.

d) È uscito .... casa alle cinque.

e) L'imputato ha deciso .... parlare.

f) Mi ha chiesto .... andarlo a prendere.

g) È molto diverso .... precedente.

h) Se ne andò .... ufficio.

i) È separato .... moglie.

j) Non c'è più niente .... bello .... fare.

k) Smise .... parlare.

l) E' protetto .... amici potenti.

m) Cosa pretendi .... me?

n) Ha dei bellissimi occhiali .... sole.

o) È diverso .... tutti.

p) Plamena è .... origine bulgara.

❽ *Traducete in tedesco il T1.*

T2 Il dramma processuale dall'aula di tribunale alle pagine del romanzo

Bari – La presenza di un pubblico molto numeroso, accorso per la conferenza del magistrato scrittore barese Gianrico Carofiglio, autore di una serie di romanzi gialli che hanno come protagonista l'avvocato Guerrieri, ha caratterizzato l'incontro dei «Mercoledì letterari» del 15 febbraio.

Carofiglio è stato presentato dall'avvocato Michele Laforgia. L'avv. Laforgia ha voluto provocatoriamente cominciare il suo breve intervento ponendo tre domande allo scrittore e dandosi lui stesso le risposte. Qual è il rapporto tra Guerrieri e Carofiglio? Guerrieri è l'alter ego di Carofiglio? Sicuramente no, Carofiglio non è Guerrieri, ma probabilmente avrebbe voluto esserlo, c'è quasi un rimpianto per la professione di avvocato, una nostalgia per le cose non fatte. Nella realtà gli avvocati sono come Guerrieri? No, non hanno il tempo materiale per fare tutto quello che fa Guerrieri. [...]

A questo punto ha preso la parola Carofiglio. Secondo il magistrato-scrittore i processi e i romanzi presentano forti somiglianze, quella principale consiste che in entrambi si raccontano storie. In un processo, tutti i protagonisti (testimoni, pubblico ministero, avvocati, giudici) raccontano una storia. Sono delle storie contrapposte, ipotesi di ricostruzione di fatti passati in base agli indizi disponibili.

Carofiglio ha letto poi il passo di un verbale di un processo nel quale l'avvocato con una serie di domande appropriate riesce a demolire l'accusa verso il proprio cliente messa in piedi dal pubblico ministero in base a delle testimonianze. Tale passo è stato usato da Carofiglio nel prossimo romanzo (in fase di preparazione).

9 *Cercate nel testo i sostantivi italiani corrispondenti:*

a) der Zeuge	f) das Indiz ....
b) der Rechtsanwalt	g) der Mandant ....
c) der Gerichtssaal	h) das Verhandlungsprotokoll ....
d) die Anklage	i) der Richter ....
e) der Staatsanwalt	j) die Zeugenaussage ....

10 *Con l'aiuto del dizionario trovate la* ***famiglia di parole*** *(cioè parole che hanno la stessa radice) di* ***accusa****.*

....

....

Scrivete dei sintagmi con la parola ***accusa****, es. demolire l'accusa.*

....

....

Fate la stessa cosa con le parole: ***testimonianza*** *e* ***condanna***

....

....

....

....

....

⓫ *Trasformate le forme verbali sottolineate (al participio, al gerundio e all'infinito –* ***forme implicite****) nelle corrispondenti forme con un modo verbale finito (indicativo, congiuntivo o condizionale –* ***forme esplicite****). (Vedi capitolo 4 «Biografie» e 9 «Recensioni».)*

a) La presenza di un pubblico molto numeroso accorso per la conferenza del magistrato scrittore barese Gianrico Carofiglio ha caratterizzato l'incontro dei «Mercoledì letterari» .

....

b) Carofiglio è autore di una serie di romanzi gialli che hanno avuto un tale successo da ispirare delle fiction televisive.

....

c) L'avv. Laforgia ha voluto provocatoriamente cominciare il suo breve intervento ponendo tre domande allo scrittore e dandosi lui stesso le risposte.

....

d) L'avvocato riesce a demolire l'accusa verso il proprio assistito messa in piedi dal pubblico ministero.

....

⓬ *Traducete in tedesco il secondo e il terzo paragrafo di T2. Notate che in italiano nel riportare il* ***discorso indiretto*** *si usa l'indicativo, mentre in tedesco si usa il congiuntivo seguendo le regole del discorso indiretto tedesco.*

T3 Der Amokläufer bleibt in Untersuchungshaft

Gegen ihn wurde in der Nacht zum Sonntag ein Haftbefehl erlassen

Berlin. Dem 16 Jahre alten Täter wird versuchter Mord in 24 Fällen und gefährliche Körperverletzung vorgeworfen, wie die Polizei am Samstagabend mitteilte. Damit droht ihm eine Jugendstrafe von bis zu fünf Jahren Haft.
Der Hauptschüler hatte am Freitagabend wahllos auf Passanten eingestochen und dabei 28 Menschen verletzt. Sechs trugen schwere Stich- und Schnittwunden davon. Die Tat ereignete sich im Regierungsviertel am Rande der Feierlichkeiten zur Eröffnung des neuen Hauptbahnhofs. Das Motiv des Täters, der stark angetrunken war, blieb zunächst unklar.

Eines der ersten Opfer der Messerattacke räumte am Samstag in einer Vernehmung ein, mit dem Aids-Virus infiziert zu sein. Daraufhin wurden Verletzte und Ersthelfer aufgefordert, sich untersuchen zu lassen.
Mehrere Zeugen hatten den 16-Jährigen als Messerstecher identifiziert, nachdem ihn Sicherheitsleute überwältigt und der Polizei übergeben hatten.

D I Le due lingue a confronto

per precisare luoghi e fonti

in der Nacht zum Sonntag = nella notte di sabato / sabato notte
in der Nacht zum Sonnabend = nella notte di venerdì / venerdì notte
am Freitagabend = venerdì sera
am Abend = di sera
wie die Polizei mitteilte (nach Angaben der Polizei) = a quanto dichiarato dalla polizia (stando alle dichiarazioni della polizia)

per definire i responsabili di azioni criminali
Täterin / Täter = autrice / autore di un reato, rea/o

Non esiste in italiano una parola che traduca le varie accezioni che può assumere il termine. Si renderà quindi di volta in volta in modo differente a seconda del contesto:

Wer ist der Täter? = Chi ha commesso il reato (Chi è il ladro, l'aggressore, il colpevole)?
als Täter verdächtigt sein = essere sospettato di un reato
Täterprofil = profilo di una persona ricercata (identikit)
Opfer und Täter = vittime e carnefici

Le parole *Straftäter / Verbrecher* si traducono, a seconda della gravità della colpa, con

- *delinquente*, in generale persona che ha commesso un reato
- *criminale*, persona che ha commesso gravi reati, e soprattutto reati capitali.

Amokläufer: il sostantivo tedesco usato per indicare particolari tipi di aggressioni generate dalla follia omicida non ha un preciso corrispondente in italiano e viene reso di solito con il più generico *folle*.

⓭ *Completate la traduzione in italiano delle seguenti frasi dell'articolo contenenti termini specifici del* ***linguaggio giuridico****, che trovate già tradotti.*

a) Der Amokläufer bleibt in Untersuchungshaft.

.... in carcere preventivo.

b) Gegen ihn wurde in der Nacht zum Sonntag ein Haftbefehl erlassen.

.... è stata emessa ordinanza di custodia cautelare.

c) Dem 16 Jahre alten Täter wird versuchter Mord in 24 Fällen und gefährliche Körperverletzung vorgeworfen.

....è accusato del tentato omicidio

.... e di gravi lesioni personali.

⓮ *Traducete in italiano i seguenti* ***titoli*** *tratti da quotidiani tedeschi, badando che in italiano un eventuale participio passato si mette di norma all'inizio della frase:*

a) Islamische Extremisten in Italien festgenommen

....

b) CDU für härtere Strafe für jugendliche Straftäter

....

c) Koalition vor dem Aus – Neuwahlen wahrscheinlich

....

d) Siebenjähriger von riesiger Anakonda angegriffen

....

e) König Juan Carlos wird 70

....

f) Promis und ihre Vorsätze zum Neuen Jahr: mehr Gemüse, mehr Sport

....

g) Zwei Männer nach Überfall auf Passanten gefasst

....

h) Vorerst kein neuer Bahnstreik

....

⓯ *Traducete in italiano le seguenti frasi facendo attenzione alle forme del* ***passivo****:*

a) Der Krimi *Reise in die Nacht* (*Testimone inconsapevole*) wurde im Jahr 2002 von Gianrico Carofiglio im Verlag Sellerio veröffentlicht.

....

....

b) Die Hauptfigur, der Rechtsanwalt Guerrieri, wird am Anfang des Romans von seiner Frau verlassen.

....

....

c) Um seine Depression zu überwinden, werden ihm Medikamente verschrieben.

....

....

d) Statt sie zu nehmen, zieht er es vor, zum Boxen zu gehen, ein Sport, der von ihm in der Jugend mit Begeisterung betrieben worden war.

....

....

e) Langsam beginnt Guido, sich in seinem neuen Leben zurechtzufinden, und schließlich wird er mit einem Fall konfrontiert werden, der seine Sicht der Dinge für immer verändern wird.

....

....

✍ ***Traducete in italiano il T3. Confrontate poi la vostra traduzione con quella alla fine del capitolo.***

T4 Ein Mord wie im Buch

In Polen steht ein Autor vor Gericht, weil er in einem Krimi ein wahres Verbrechen allzu präzise schildert.

Spaziergänger entdeckten die Leiche, die sich an einem Wehr der Oder unweit der schlesischen Metropole Breslau verfangen hatte. Es war der 10. Dezember 2000. Schon auf den ersten Blick erkannten die herbeigerufenen Polizisten, dass es sich um Mord handelte. Das Opfer wurde als Darius J. identifiziert. Doch die Ermittlungen blieben ergebnislos.

Drei Jahre später aber bekam die Breslauer Kriminalpolizei einen anonymen Hinweis, dass genau so ein Mord in dem soeben erschienenen Roman *Amok* beschrieben sei. Das Buch habe der Reiseschriftsteller Kristian Bala verfasst. Bala wurde wegen Mordverdachts verhaftet, kam allerdings bald wieder frei. Im vergangenen Jahr aber erging ein zweiter Haftbefehl. Nach Ansicht des Staatsanwaltes ist er der Mörder, sein Motiv: Eifersucht.

Der 33-jährige Angeklagte aber bestreitet alles. Mit seinem gut geschnittenen Anzug und seiner modischen Brille wirkt er in dem Käfig für die Angeklagten deplaziert. Sein Buch sei ein fiktives Werk, er habe sich dabei von Presseberichten inspirieren lassen, sagt er. In der Tat hatten damals die Breslauer Zeitungen ausführlich über den Fall berichtet.

Bala erklärte während des Prozesses, er sei Opfer einer Intrige des Polizeikommissars Jacek Wroblewski. Dieser wolle sich an ihm rächen, weil er sich in diesem Fall lächerlich gemacht habe. Wroblewski hatte sich die Mühe gemacht, den Roman Zeile für Zeile mit Balas realem Leben abzugleichen. Ein Kommentator schrieb dazu hämisch, dass die Polizei offenbar Fiktion und Realität nicht auseinanderhalten könne.

16 *Unite i sostantivi a sinistra con il corrispondente significato italiano scegliendolo fra quelli indicati nella colonna a destra.*

a) Verbrechen	1. cadavere
b) Mord	2. sospetto omicidio
c) Leiche	3. segnalazione
d) Ermittlung	4. delitto
e) Mordverdacht	5. movente
f) Motiv	6. omicidio
g) Hinweis	7. indagine

⓱ *Riassumete il T4 rispondendo alle seguenti domande.*

a) A chi e dove viene fatto il processo di cui parla l'articolo?
b) Quando è successo l'omicidio?
c) Quando era stato arrestato e perché?
d) Come mai il presunto assassino era stato rilasciato?
e) Quando sono stati trovati nuovi indizi?
f) L'accusato si dichiara colpevole o innocente?

(D)(I) Le due lingue a confronto

Alcuni connettivi

Offenbar (*anscheinend, wahrscheinlich*) = *evidentemente* serve per esprimere un punto di vista del parlante, col significato di *a quel che risulta, con ogni probabilità*.

Selbstverständlich = *ovviamente* serve per esprimere il punto di vista del parlante col significato di *è ovvio che* (*è chiaro che*).

In der Tat = *in effetti* (*effettivamente*) serve come commento del parlante, nel senso di *per dire le cose come stanno*.

In der Tat / nämlich = *infatti* serve per confermare o spiegare ciò che è stato detto.

⓲ *Inserite nelle frasi seguenti i connettivi qui indicati.*

eppure | effettivamente | quindi | ovviamente | infatti | evidentemente

a) Hai ragione tu, il pubblico è .... molto scarso.
b) Era abbastanza nervoso, ... io ho preferito evitare discussioni.
c) Non mi ha riportato il libro, ... lo avevo pregato di farlo.
d) Non risponde nessuno. .... non sono in casa.
e) Fa caldo, ... la neve si sta sciogliendo.
f) Faremo la gita .... solo se farà bel tempo.

Ⓖ Il discorso indiretto (retto da un verbo al presente)

Il discorso indiretto è usato per riferire quello che è stato detto da qualcuno ed è quindi una struttura molto usata negli articoli di giornale.

Mentre nel discorso indiretto tedesco troviamo esclusivamente il congiuntivo che rappresenta un vero e proprio meccanismo di 'distanziamento' dai fatti narrati, in italiano nel discorso indiretto si usa principalmente l'indicativo e l'uso del congiuntivo è limitato alle interrogative indirette o alle frasi rette da verbi o espressioni che vogliono il congiuntivo.

In italiano se il discorso indiretto è introdotto da un verbo di dire al presente o al futuro, nel passaggio dal discorso diretto al discorso indiretto i tempi non cambiano. Fa eccezione l'imperativo che nel discorso indiretto si rende di solito con *di* + infinito.

Il giornalista chiede allo scrittore: «Si è ispirato a fatti reali?» → Il giornalista chiede allo scrittore se si è ispirato a fatti reali.

Il ministro ha dichiarato (poco fa)*: «Il presidente ha ragione.» → Il ministro ha dichiarato che il presidente ha ragione.*

Il direttore dice al giornalista: «Mi mandi l'articolo!» → Il direttore dice al giornalista di mandargli l'articolo.

Se il soggetto della frase principale e della frase secondaria sono uguali, spesso si preferisce la costruzione con *di* + infinito:

Il Primo ministro ha dichiarato: «Sono pienamente d'accordo con l'operato del mio ministro.» → Il Primo ministro ha dichiarato di essere pienamente d'accordo con l'operato del suo ministro.

Come nella frase sopraindicata, spesso il discorso indiretto è introdotto da un passato prossimo, ma con il significato di *poco fa, appena* (è quindi un «quasi presente»). Ciò significa che la cosa che si riferisce è appena successa e che è ancora valida al presente, per cui valgono le stesse regole del discorso indiretto introdotto dal verbo al presente. Questo è un caso molto frequente negli articoli di giornale.

19 *Trasformate i dialoghi in* ***discorso indiretto****:*

Alice: Hai già visto il nuovo film di Valeria Bruni Tedeschi?
Bernardo: No, non l'ho visto, ma ho intenzione di vederlo quanto prima.
Alice: Io ci andrò con Luisa domani sera. Vuoi venire anche tu?
Bernardo: Purtroppo domani ho già un impegno. Peccato, sarà per un'altra volta.

Alice ha chiesto poco fa a Bernardo se .... il nuovo film di Bruni Tedeschi.

Bernardo ha risposto che non l' ...., ma che .... di vederlo quanto prima.

Alice ha continuato dicendo che ci .... con Luisa domani sera e gli ha domandato se .... andarci anche lui.

Bernardo ha risposto che purtroppo domani .... già un impegno e che .... per un'altra volta.

G Il discorso indiretto (retto da un verbo al passato)

Se il discorso indiretto è introdotto da un verbo di dire al passato, un caso abbastanza raro nell'articolo di cronaca, nel passaggio dal discorso diretto al discorso indiretto i tempi verbali cambiano seguendo le regole della subordinazione:

Giorgio disse / diceva sempre: «Questo autore mi piace molto.» → *Giorgio disse / diceva sempre che quell'autore gli piaceva molto.*
Durante la conferenza stampa il premier aveva detto: «Il mese prossimo farò un viaggio in India.» → *Durante la conferenza stampa il premier aveva detto che il mese successivo avrebbe fatto un viaggio in India.*

Per quanto riguarda gli avverbi, i pronomi, ecc., nel passaggio dal discorso diretto al discorso diretto, si verificano i seguenti cambiamenti:

qui / qua	→	*lì / là*
questo	→	*quello*
oggi	→	*quel giorno*
ieri	→	*il giorno prima*
domani	→	*il giorno dopo*
stamattina	→	*quella mattina*
stasera	→	*quella sera*
ieri sera	→	*la sera prima*
la settimana scorsa	→	*la settimana prima*
un mese fa	→	*un mese prima*
fra un mese	→	*il mese prossimo*
la settimana prossima	→	*la settimana seguente*
l'anno prossimo	→	*l'anno seguente*
venire	→	*andare* (se cambia la prospettiva)

⑳ *Trasformate i dialoghi in* ***discorso indiretto****.*

Quella volta il professore mi chiese: «Dove ha trovato queste informazioni?»
Risposi: «È un tema che mi interessa molto. Da tempo raccolgo tutti gli articoli che escono in proposito.»
Il professore disse: «Molto bene. Quando mi manderà il prossimo capitolo della Sua tesi?»
Risposi: «Spero di riuscirci prima della fine di questo mese.»
Il professore: «Per favore, me lo mandi al mio indirizzo privato. Non verrò in istituto per alcune settimane.»

Il professore mi chiese dove .... quelle informazioni.

Risposi che .... un tema che mi .... molto e che

da tempo .... tutti gli articoli che .... in proposito.

Continuate voi!

㉑ *Traducete in italiano con il* ***discorso indiretto*** *le seguenti frasi prese da giornali. Fate attenzione che in italiano può essere necessario segnalare il proseguimento del discorso indiretto aggiungendo un verbo di dire (ha / hanno detto, affermato, ha continuato dicendo che ecc.). In tedesco non è necessario perché ciò è segnalato dal congiuntivo.*

a) Ein Elternpaar aus Hessen hat seine Kinder nicht mehr in die Schule geschickt. Die Eltern begründeten das mit ihrem religiösen Glauben. Der in der Schule angebotene Sexualunterricht sei nicht mit der Bibel vereinbar. Es wurde jedoch entschieden, dass Eltern ihre Kinder nicht aus religiösen Gründen von der Schule abmelden können. Mathematik oder Fremdsprachen hätten nichts mit Glaubensfragen zu tun.

....

....

....

....

....

....

....

b) Überraschung: Amazon kaufte *Beedle the bard*. Umgerechnet 2,75 Millionen Euro (1,95 Millionen Pfund) muss Amazon für das Manuskript von Joanne K. Rowling bezahlen. «Ich bin fassungslos und entzückt», sagte Rowling nach der Auktion. Die Amazon-Sprecherin betonte, dass das Buch nicht weiterverkauft werde. Der Kauf sei als Dankeschön an die Schriftstellerin zu verstehen. Der Erlös solle Rowlings Kinderhilfsorganisation «The Children's Voice» zugute kommen.

....

....

....

....

....

....

c) Am Sonntagmorgen kam es zum vierten Mal innerhalb von zwei Wochen zu einem Überfall mit Verletzten. Eine Gruppe von mehreren Jugendlichen habe in München zwei junge Männer niedergeschlagen, sagte der Polizeipräsident W.S. Die Mutter eines der Täter hat sich für ihren Sohn entschuldigt. Sein Vater habe ihn schwer misshandelt, deshalb sei sie ins Frauenhaus gegangen.

....

....

....

....

....

....

㉒ *Cercate in un giornale tedesco a vostra scelta un breve articolo di cronaca e riassumetelo in italiano. Fate attenzione ai piani temporali, alle eventuali forme del discorso indiretto, ai connettori.*

✍ ***Traducete in italiano il T4. Confrontate poi la vostra traduzione con quella alla fine del capitolo.***

Traduzioni dei testi tedeschi

T3 Il folle resta in carcere

Nei suoi confronti è stato emesso nella notte di sabato un mandato di cattura

Berlino. Il giovane di 16 anni è accusato del tentato omicidio di 24 persone e (di) lesioni personali gravi, come ha comunicato la polizia sabato sera. Potrebbe così essere condannato fino (rischia una condanna) a cinque anni di carcere minorile.

Venerdì sera il giovane, che è allievo di una scuola media secondaria inferiore, aveva colpito indiscriminatamente con un coltello i passanti ferendo 28 persone. Sei di loro hanno riportato ferite gravi. Il fatto è avvenuto nel quartiere governativo a conclusione dei festeggiamenti per l'inaugurazione della nuova stazione centrale. Non si conoscono ancora i motivi dell'aggressore, che era completamente ubriaco.

Una delle prime vittime ha dichiarato in un interrogatorio di essere sieropositiva. Di conseguenza feriti e soccorritori sono stati invitati a sottoporsi a visita medica. Diversi testimoni avevano identificato l'aggressore (accoltellatore), dopo che le guardie addette al servizio di sicurezza l'avevano bloccato e consegnato alla polizia.

T4 Un delitto come nei libri

In Polonia uno scrittore è sotto processo per avere descritto troppo dettagliatamente un delitto vero

Dei passanti hanno scoperto il cadavere che era rimasto impigliato in una diga dell'Oder non lontano dalla città di Breslavia, centro della Slesia. Era il 10 dicembre 2000. Fin dal primo momento i poliziotti che erano stati chiamati (accorsi) hanno capito che si trattava di un omicidio. La vittima è stata identificata come Darius J. Tuttavia le indagini non hanno portato a nessun risultato.

Ma tre anni più tardi la polizia di Breslavia ha ricevuto una segnalazione anonima indicante che proprio un omicidio simile era descritto in un romanzo appena pubblicato dal titolo *Amok*. Il libro era stato scritto dallo scrittore di libri di viaggi Krystian Bala. Bala è stato arrestato per sospetto omicidio e tuttavia subito rilasciato. L'anno scorso è stato emesso un secondo mandato di cattura. Secondo il pubblico ministero è lui l'assassino di Darius J. Il suo movente: la gelosia.

L'accusato, che ha trentatré anni, nega tutto. Con il suo abito di buon taglio e gli occhiali alla moda sembra completamente fuori posto nella gabbia degli imputati. Afferma che il suo libro è un'opera letteraria e che si è ispirato ai resoconti dei giornali. In effetti, i giornali di Breslavia all'epoca avevano dedicato ampio spazio a questo fatto.

Durante il processo Bala ha affermato di essere vittima degli intrighi del commissario di polizia Jacek Wroblewski. Questi vuole vendicarsi di lui, perché si è reso ridicolo con questo caso giudiziario. W. si è preso la briga di confrontare il romanzo riga per riga con la vita di Bala. Un commentatore ha scritto maliziosamente (ha insinuato) che la polizia evidentemente non è in grado di distinguere fra finzione e realtà.

9 Recensioni

Attività comunicative: parlare di libri e del mondo dell'editoria
presentare, riassumere e valutare un'opera letteraria

Ⓖ **Grammatica:** gerundio presente e passato
gruppi nominali
nessi correlativi
parole composte
participio presente e passato
pronomi indefiniti
pronomi relativi

T **Testi:** Testi modello (Italiano ▷ Tedesco):
T1 Nouvelle vague all'italiana
T2 Tre corone per l'italiano

Testi da tradurre (Tedesco ▷ Italiano):
T3 Belletristik: P. Schneider, *Lenz* / U. Timm, *Die Stimme beim Schreiben*
T4 Die Welt in Neapel

Nouvelle vague all'italiana

di Stefano Boni

Le forme della ribellione. Il cinema di Marco Bellocchio
a cura di Luisa Ceretto e Giancarlo Zappoli
pp. 189, €19, Centro Studi Cinematografici, Lindau, Torino 2004

[...] Il bel volume curato da Luisa Ceretto e Giancarlo Zappoli per il Centro studi cinematografici, pur non essendo la prima pubblicazione dedicata al regista, si segnala sia per la presenza di interessanti saggi d'approfondimento e di interviste originali sia per un ampio apparato critico-filmografico, comprendente schede dei film, dettagliatissime sinossi, analisi e stralci di recensioni sia italiane che francesi, scelta doverosa considerati i notevoli consensi ottenuti oltralpe da Bellocchio. Un libro essenziale per ripercorrere una filmografia tra le più complesse ed originali d'Europa.

❶ *Completate, dove è possibile, la tabella sottostante con parole che hanno la stessa radice, ma funzione grammaticale diversa. Aiutatevi anche con il vocabolario.*

sostantivo	verbo	persona che compie l'azione
edizione	editare (*poco usato*)	editore
cura (a cura di)		
	scrivere	
	intervistare	
regia		
		recensore
saggio		
	pubblicare	
critica		

❷ *Completate le frasi riferite a T1 con* ***sostantivi o verbi attinenti al campo semantico del libro****.*

a) Luisa Cerretto e Giancarlo Zappoli sono i .... del volume.

b) Il libro è .... dalla casa editrice Lindau.

c) La Lindau .... a Torino.

d) Il libro è .... *Le forme della ribellione.*

e) Il volume .... 19 euro.

f) Stefano Boni è il ....

g) Il volume .... saggi, interviste e un apparato critico.

h) Altri studi sono stati .... a Bellocchio.

i) La recensione .... sulla rivista *L'Indice*.

❸ *Riformulate le frasi dell'esercizio 2. Usate un* **sostantivo** *invece di un* **verbo** *o viceversa, oppure, quando è possibile, passate dall'***attivo** *al* **passivo**.

a) Luisa Cerretto e Giancarlo Zappoli sono i curatori del volume. → Il volume è stato curato da Luisa Cerretto e Giancarlo Zappoli.

b) ....

c) ....

d) ....

e) ....

f) ....

g) ....

h) ....

i) ....

I D Le due lingue a confronto

I **nessi correlativi** più comuni in italiano sono:

sia … sia … (sia … che …)	*sowohl … als auch …*
(o) … o …	*entweder … oder …*
né … né …	*weder … noch …*
non solo … ma anche …	*nicht nur … sondern auch …*
l'uno … l'altro …	*der eine … der andere …*
alcuni … altri …	*einige … andere …*
da una parte … dall'altra… (da un lato … dall'altro …)	*einerseits … andererseits …*
tanto … quanto … (così … come …)	*genauso viel (ebenso) … wie …*

❹ ***Congiunzioni e nessi correlativi.*** *Traducete in italiano.*

a) Das Buch enthält sowohl Aufsätze als auch eine Filmographie.

....

b) Ich habe weder dieses noch andere Bücher über Bellocchio gelesen.

....

c) Ich weiß nicht genau: Luisa Cerretto soll entweder die Aufsätze herausgegeben oder die Bibliographie fertiggestellt haben.

....

d) Es wurden sowohl italienische als auch französische Rezensionen aufgenommen.

....

e) Manche Leute finden das Kino von Bellocchio zu politisch, andere mögen es gerade deshalb.

....

f) Einerseits findet der Rezensent den Band sehr gelungen, andererseits kritisiert er die Arbeit der Herausgeber.

....

g) Die Aufsätze sind sehr heterogen. Es gibt einige, die eher kurz und einfach, andere hingegen, die sehr lang und komplex sind.

....

h) Frau Bignardi beschäftigt sich mit dem Neorealismus im Film wie auch in der Literatur.

....

❺ *Il recensore nel T1 usa espressioni ed aggettivi che manifestano il suo* ***giudizio positivo sul libro****. Sottolineate queste parti del testo. Es.: il bel volume / ...*

Ⓖ Il gerundio e il participio

Nelle frasi subordinate possiamo usare, invece di una congiunzione seguita da un modo esplicito (indicativo o congiuntivo), un modo implicito, cioè gerundio, participio passato o infinito.
Si può usare il **gerundio presente** con senso
- temporale: *Leggendo il libro* (= *Mentre leggevo ...*), *mi sono addormentata.*
- causale: *Trattandosi di un saggio* (= *Siccome si tratta ...*), *si conclude con una bibliografia.*
- modale: *Il recensore si occupa di Bellocchio seguendo* (= *e segue ...*) *la sua carriera.*
- ipotetico: *Avendo tempo (Se avessimo tempo), ci potremmo dedicare ad altri registi italiani.*
- concessivo se accompagnato da *pur: Pur non essendo l'unico libro su Bellocchio* (= *Anche se non è ..*), *è senz'altro il più completo.*

Il **gerundio passato** è impiegato per esprimere anteriorità con senso causale. *Avendo già letto questo libro* (= *Siccome ho già letto ...*), *conosco le interpretazioni che contiene.*

Il **participio presente** si usa ormai quasi solo in funzione di aggettivo o sostantivo: *essere vivente, un commerciante, i partecipanti.* Nel significato verbale equivale ad una frase relativa: *L'apparato critico comprendente* (= *che comprende*) *schede dei film.*

Anche il **participio passato** può avere la funzione di una proposizione subordinata; se temporale, esprime allora anteriorità al passato: *Scritt**a** quella recensione (= Dopo aver scritto...), Boni si è dedicato ad altri progetti.* Molto frequentemente il participio passato sostituisce una frase relativa: *La recensione pubblicata (= che è stata pubblicata) sulla Repubblica di ieri non mi è piaciuta.* Il participio passato si accorda al sostantivo.
Nel T1 si legge: [*questa è una*] *scelta doverosa considerati i notevoli consensi ottenuti oltralpe da Bellocchio.* L'espressione *considerato ...* (*visto ..., dato ...*) seguita da un sostantivo a cui si accorda, corrisponde in tedesco a *in Anbetracht* (*dessen, dass*).

D I Le due lingue a confronto

Partizip Präsens

Un errore frequente è la traduzione in italiano del *Partizip Präsens* tedesco con un gerundio italiano, questo è possibile solo se il soggetto dei due verbi è lo stesso e il gerundio non funziona da attibuto:

Er erzählte lachend die Geschichte. = Raccontò la storia ridendo.

Altrimenti ricorriamo prevalentemente a una frase relativa, a aggettivi o a locuzioni preposizionali:

Auf dem Bild sieht man eine lesende Frau. = Nel quadro si vede una donna che legge.
ein bewegendes Ereignis = una vicenda commovente
die betreffende Person = la persona in questione

❻ *Traducete le seguenti frasi in tedesco contenenti delle* ***subordinate implicite***.

a) Messo a fuoco il contesto, l'autrice presenta la biografia del regista.

....

b) Scrivendo il saggio, Zappoli ha usato documenti inediti.

....

c) Scritto il libro, i curatori hanno poi cercato un editore.

....

d) Pur non essendosi mai occupata di cinema prima, Ceretto fa un ottimo lavoro.

....

e) I capitoli riguardanti il tema politico sono all'inizio del libro.

....

f) Lui non si occupa di Visconti qui, avendogli dedicato un altro saggio.

....

g) Considerato il successo di Bellocchio all'estero, è strano che tu non lo conosca.

....

❼ *Traducete in tedesco il T1.*

T2 Tre corone per l'italiano

La Storia della lingua italiana del Mulino, diretta da Francesco Bruni, è uscita a partire dal 1989 in una sequenza indipendente dall'ordine cronologico, ed è appena giunta a conclusione: il decimo e ultimo volume riguarda il Trecento toscano (un tomo dedicato al Medioevo non toscano era già uscito per opera di Rosa Casapullo) ed è incentrato sulla lingua di Dante, Petrarca e Boccaccio.

L'autrice, Paola Manni, ha messo a frutto in un'utile sintesi la gran quantità di studi dedicati negli ultimi anni alle varietà linguistiche della Toscana medievale, nonché alla lingua delle «Tre Corone», che fondano, assieme alla nostra tradizione letteraria, la nostra stessa storia linguistica nazionale. Messo a fuoco il contesto sociale e culturale – quello della Toscana «mercantile» e del suo sviluppo demografico ed economico cui si accompagna una stagione letteraria che non conosce eguali in nessun'altra area dell'Italia medievale – la Manni delinea una completa caratterizzazione linguistica dei tre astri più fulgenti di questa galassia: Dante, Petrarca e Boccaccio.
(Lorenzo Tomasin)

Paola Manni, *Storia della lingua Italiana. Il Trecento toscano: la lingua di Dante, Petrarca e Boccaccio*, Il Mulino, Bologna 2003, pagg. 492, € 23,00.

❽ *Coprite ora il T2 e completate il brano seguente con le* ***preposizioni*** *semplici o articolate.*

La Storia della lingua italiana del Mulino, diretta .... Francesco Bruni, è uscita a partire .... 1989 in una sequenza indipendente .... ordine cronologico, ed è appena giunta .... conclusione: il decimo e ultimo volume riguarda il Trecento toscano (un tomo dedicato .... Medioevo non toscano era già uscito .... opera di Rosa Casapullo) ed è incentrato .... lingua di Dante, Petrarca e Boccaccio. L'autrice, Paola Manni, ha messo .... frutto in un'utile sintesi la gran quantità .... studi dedicati .... ultimi anni .... varietà linguistiche della Toscana medievale.

❾ ***Lessico editoriale.*** *Collegate una parola della colonna di sinistra con una della colonna a destra che abbia più o meno lo stesso significato.*

a) saggio	1. volume
b) premessa	2. brano
c) stralcio	3. studio
d) tomo	4. immagini
e) apparato iconografico	5. prefazione

(I)(D) Le due lingue a confronto

Notate alcune **espressioni tipiche in una recensione** contenute in T1 e T2:

Il volume riguarda il Trecento.	*Der Band behandelt das 14. Jahrhundert.*
è incentrato su ...	*konzentriert sich auf ...*
ha messo a frutto studi precedenti	*hat von früheren Studien profitiert*
Messo a fuoco il contesto sociale, delinea una caratterizzazione linguistica.	*Nachdem sie den sozialen Kontext beleuchtet hat, umreißt (skizziert) sie das sprachliche Profil.*
Il libro si segnala per la presenza di saggi particolarmente interessanti.	*Das Buch zeichnet sich durch besonders interessante Aufsätze aus.*
un libro essenziale per ...	*ein unverzichtbares Buch, um zu ...*

10 *Solo una delle due traduzioni è giusta. Quale?*

a) I dieci volumi de *La Storia della lingua italiana* sono usciti a partire dal 1989 in una sequenza indipendente dall'ordine cronologico.

① Die zehn Bände der *Geschichte der italienischen Sprache* sind seit 1989 in unregelmäßigen Abständen erschienen. ❑

② Die zehn Bände der *Geschichte der italienischen Sprache* sind seit 1989 in nicht chronologischer Reihenfolge erschienen. ❑

b) Un tomo dedicato al Medioevo era già uscito per opera di Rosa Casapullo.

① Ein dem Mittelalter gewidmeter Band wurde bereits von Rosa Casapullo herausgegeben. ❑

② Ein dem mittelalterlichen Werk von Rosa Casapullo gewidmeter Band war bereits erschienen. ❑

c) Gli studi dedicati negli ultimi anni alle varietà linguistiche della Toscana medievale, nonché alla lingua delle «Tre Corone», sono moltissimi.

① In den letzten Jahren sind zahlreiche Studien zu den Sprachvarietäten der mittelalterlichen Toskana sowie zur Sprache der «Tre Corone» erschienen. ❑

② In den letzten Jahren sind zahlreiche Studien zu den Sprachvarietäten der mittelalterlichen Toskana, aber keine zur Sprache der «Tre Corone» erschienen. ❑

d) La stagione letteraria in Toscana non conosce eguali in nessun'altra area dell'Italia medievale.

① Die literarische Blütezeit der Toskana unterscheidet sich nicht von denen anderer Regionen des mittelalterlichen Italiens. ❑

② Die literarische Blütezeit der Toskana sucht ihresgleichen in anderen Regionen des mittelalterlichen Italiens. ❑

Peter Schneider: *Lenz*

Rotbuch Verlag, Hamburg 2005; 111 S., 7,90€

Die 68er kommen ins Rentenalter, was niemanden überrascht, nur sie selbst, und Peter Schneider, der in diesem Jahr 65 geworden ist, lässt seinen Lenz noch einmal erscheinen, jene sich auf Büchner beziehende Geschichte eines linken Studenten, der, verlassen von seiner Geliebten, aus allen emotionalen und theoretischen Gewissheiten herausfällt und in Italien eine lebensfrohe Sinnlichkeit wiederfindet. Da ist also auch ein schöner *Taugenichts*-Klang dabei, und wer die vor nunmehr 32 Jahren geschriebene, rasch zum Kultbuch einer Generation gewordene Erzählung wieder liest, wird nostalgische Gefühle kriegen, aber auch sehen, mit welcher Sprachbegabung und Beobachtungskraft schon der junge Schneider erzählen konnte.

Uwe Timm: *Die Stimme beim Schreiben*

Hrsg. Martin Hielscher; dtv, München 2005; 478 S., 10€

Auch Uwe Timm ist in diesem Jahr 65 geworden, auch er ist vor rund 30 Jahren mit seinem ersten Roman *Ein heißer Sommer* (1974) rasch bekannt geworden, und auch dies ist die Geschichte eines linken Studenten und seiner Verwirrungen. Von Timm, der nicht nur die Form des Romans glanzvoll beherrscht, sondern auch die des erzählerischen Essays, gibt es nun ein *Lesebuch*, das eine Menge neuer Sachen enthält, Erzählungen, Aufsätze und das ebenso bizarre wie amüsante Hörspiel *Lauschangriff*.

Ulrich Greiner

D I Le due lingue a confronto

Il nesso relativo *was*

Si traduce in italiano con *ciò che, quello che, quanto*:

Ich verstehe, was du sagst. = Capisco ciò che dici. (In italiano non c'è la virgola!)

Se si riferisce a tutto il sintagma precedente si traduce *il che, cosa che*:

Dieser Autor ist 65 geworden, was niemanden überrascht. = Questo autore ha compiuto 65 anni, il che non sorprende nessuno.

Alles, was … = tutto ciò (tutto quello) che …

⓫ *Traducete in italiano le frasi con il pronome relativo **was**.*

a) Wir erfahren nicht, was die Hauptfigur denkt.

....

b) Die 68er kommen ins Rentenalter, was niemanden überrascht.

....

c) Was in dem Buch steht, wird hier kurz zusammengefasst.

....

d) Uwe Timm hat auch Essays und ein Hörspiel verfasst, was nicht allgemein bekannt ist.

....

e) Dieses Buch hat alles, was man sich von einem guten Roman wünscht.

....

Ⓖ I pronomi relativi

Che viene usato comunemente sia in funzione di soggetto che di oggetto diretto. Il sostantivo a cui si riferisce non può essere lontano dal pronome relativo.
Se avete invece un oggetto indiretto si usa il pronome relativo ***cui*** preceduto da preposizione. *Questa autrice, a cui abbiamo rivolto numerose domande, ha scritto un giallo che fa venire i brividi.*
La relativa italiana non è separata dal resto della frase da virgole, (*Il libro che hai comprato è in edizione tascabile*), a meno che si tratti di una relativa esplicativa, che contiene un'informazione aggiuntiva, non necessaria alla comprensione della frase (*L'autrice, che ha una cattedra a Pisa, si è occupata esclusivamente delle tre corone*).
Il/la quale si trova al posto di *cui*, o, più raramente, in funzione di soggetto – e mai in funzione di oggetto. *I due autori tedeschi di cui (dei quali) scrive il recensore non sono stati trattati dal professor Valli, che (il quale) si è occupato invece di Günter Grass.*

⓬ *Traducete in italiano le frasi contenenti **proposizioni relative**.*

a) Der Dichter, der noch sehr jung ist, hat bereits zwei Gedichtsammlungen veröffentlicht.

....

b) Wir hatten diese Rezension, die in der *Zeit* erschienen ist, übersehen.

....

c) Der Aufsatz, mit dem das Buch beginnt, wurde 2005 geschrieben.

....

d) Die Journalisten, die nach ihrer Meinung gefragt worden sind, schreiben alle für die *Stampa*.

....

e) Habt Ihr die Erzählungen gelesen, in denen das Thema behandelt wird?

....

f) Kennst du den Roman, über den sie gerade reden?

....

⓭ *L'autore delle due recensioni evidenzia alcuni punti in comune tra i due libri e i due autori discussi. Completate le frasi seguenti.*

a) ...... Schneider .... Timm .... 65 anni.

b) Tutti .... autori .... successo .... primo romanzo.

c) .... entrambi i libri .... studente di sinistra.

d) Il recensore ritiene che .... Schneider .... Timm .... narratori ....

⓮ *Provate a trovare delle equivalenze per le seguenti **parole composte**, controllate poi nel vocabolario.*

a) das Rentenalter
b) ein Taugenichts
c) das Kultbuch
d) die Sprachbegabung
e) die Beobachtungskraft
f) das Hörspiel

Ⓓ Ⓘ Le due lingue a confronto

Gruppi nominali

Una tipica difficoltà nella traduzione dal tedesco in italiano sta nel rendere la sequenza di più attributi e determinazioni che in tedesco possono precedere il nome. L'italiano può al massimo reggere uno o due attributi prima del sostantivo, normalmente questi seguono il nome e sono collegati da preposizioni e/o si rendono con frasi relative. Ecco alcuni esempi dal T3.

jene sich auf Büchner beziehende Geschichte eines linken Studenten = la storia che si riferisce a (basata su) Büchner di uno studente di sinistra

die vor nunmehr 32 Jahren geschriebene, rasch zum Kultbuch einer Generation gewordene Erzählung = il racconto, scritto ben 32 anni fa, diventato rapidamente libro di culto di una generazione

⓯ *Traducete in italiano i seguenti* ***gruppi nominali*** *in cui i sostantivi sono preceduti da più attributi o apposizioni.*

a) ein auf Walsers Roman anspielender Film

....

b) die Berichte eines viel gereisten Frankfurter Journalisten

....

c) die Ende der 90er Jahre veröffentlichten, rasch zum Bestseller avancierten Kurzgeschichten

....

d) ein zum Scheitern verurteilter Versuch

....

e) ein ungewöhnlich sonniges, harmonisches Buch

....

f) die von Richard Strauss vertonte melancholisch-derbe «Komödie für Musik» von Hugo von Hofmannsthal

....

✍ ***Traducete in italiano il T3. Confrontate poi la vostra traduzione con quella alla fine del capitolo.***

T4 Die Welt in Neapel

Valeria Parrella: «Der erfundene Freund», Wagenbach 2006, Deutsch v. Suse Vetterlein. 128 S., € 15,50.

Das zweite Buch der jungen neapolitanischen Schriftstellerin Valeria Parrella versammelt vier Erzählungen. Sie schildert die sozialen und familiären Probleme junger Leute, die als Verkäuferin, Kosmetikerin, Galeristin oder Drucker allesamt in Neapel leben.

Vier Erzählungen finden wir im zweiten Buch der jungen neapolitanischen Schriftstellerin Valeria Parrella und damit vier Hauptfiguren. [...] Sie leben jede in ihrer eigenen Welt, aber alle in Neapel, und so kommen die Probleme dieser Stadt auf den verschiedenen sozialen Ebenen nicht etwa lehrbuchmäßig, sondern als wesentlicher Bestandteil der Lebensrealität dieser Figuren zum Ausdruck. Gekonnt spielt Parrella mit den zahlreichen Klischees, die an ihrer Heimatstadt haften. [...]

Trotz aller familiären und sozialen Probleme verfasst Valeria Parrella keine gesellschaftskritischen Schriften, sondern Literatur, die nicht nur durch die Handlung und die meist jungen Figuren sehr gegenwärtig ist. Sie schafft es nämlich, in einer mitunter rauen, aber sehr präzisen Sprache die Figuren plastisch zu schildern, so dass wir sie in den Dialogen leibhaftig zu hören glauben. Die Kraft der Figuren harmoniert mit der Ausdrucksstärke dieser kurzen, aber prägnanten Texte, die von Suse Vetterlein flüssig ins Deutsche übertragen wurden.

C. Fischer

⓰ *Traducete in italiano le seguenti frasi, contenenti alcuni* ***connettivi testuali****.*

a) Trotz aller sozialen Probleme schreibt Valeria Parrella kein gesellschaftskritisches Buch.

....

b) Sie erfindet ihre Figuren nicht, sondern sie scheinen der Realität zu entspringen.

....

c) Sie schildert ihre Figuren sehr plastisch, so dass wir sie in den Dialogen zu hören glauben.

....

d) Parrella erzählt, wie schwierig es ist, im Süden eine Arbeit zu finden.

....

⑰ *Inserite nelle frasi, opportunamente declinato, il più adatto dei seguenti* ***aggettivi*** *che si possono incontrare in una* ***recensione letteraria****. Cercate nel T4 le parti del testo corrispondenti ai giudizi qui espressi.*

scorrevole | aspro | verosimile | efficace | breve | integrante | preciso | abile

a) I problemi della città non sono trattati in modo astratto, ma diventano parte .... dei personaggi.

b) La scrittrice è molto .... nel giocare con i vari cliché.

c) La traduzione è molto ....

d) La lingua dei racconti è a volte dura, ..., ma sempre assai ....

e) I racconti sono ...., infatti raramente superano le 5 pagine, ma molto ....

f) I dialoghi tra i vari personaggi risultano animati e molto ....

⑱ *I seguenti* ***termini*** *possono ricorrere in una* ***recensione letteraria****. Ne conoscete l'equivalente italiano?*

a) die Handlung ....
b) die Hauptfigur ....
c) der Verleger ....
d) die Ausgabe ....
e) der Band ....
f) die Kurzgeschichte ....
g) die Belletristik ....
h) die Sekundärliteratur ....
i) der Herausgeber ....
j) der Aufsatz ....

D I Le due lingue a confronto

Gli indefiniti

Laddove il tedesco usa preferibilmente il singolare (***jeder***), in italiano si usa piuttosto il plurale (*tutti*): *Jeder weiß.* = Tutti sanno (ognuno sa).
In generale quando il possessivo *eigen* è riferito ad un soggetto impersonale si traduce con *proprio*, l'aggettivo possessivo *suo* è allora superfluo: *Jeder lebt in seiner eigenen Welt.* = Ciascuno (ognuno) vive nel proprio mondo.
L'aggettivo ***kein*** si traduce preferibilmente con la negazione prima del verbo: *Valeria Parrella will keinen sozialkritischen Roman schreiben.* = Valeria Parrella non vuole scrivere un romanzo di critica sociale.

⓳ *Traducete in italiano le frasi seguenti contenenti **aggettivi e pronomi indefiniti**.*

a) Bislang wurde jedes Buch dieser Schriftstellerin zum Bestseller.

....

b) Jeder Leser muss seinen eigenen Zugang zum Buch finden.

....

c) Es sieht so aus, als ob der Verlag keine zweite Auflage drucken wird.

....

d) Natürlich wird nicht jedes Buch, das an die Redaktion des *Indice* geschickt wird, auch rezensiert.

....

e) Kein Mensch wird alle 800 Seiten dieses Romans lesen!

....

f) Jeder Leser hat seine Lieblingsautoren.

....

G L'avverbio di modo

Possiamo usare l'avverbio *-mente* (*raramente, elegantemente, facilmente*) oppure la forma *in modo (maniera)* + aggettivo: *Sie schreibt einfach und klar. = Scrive in modo semplice e chiaro (in maniera semplice e chiara).*
Attenzione: non si fa precedere *modo* (*maniera*) dall'articolo indeterminativo *un (una)*.

⓴ *Traducete le seguenti frasi in cui si **esprime un giudizio sulla produzione letteraria**, facendo attenzione agli **avverbi di modo**.*

a) Überzeugend schildert sie die sozialen und familiären Probleme junger Leute, ohne den Erzählfaden zu verlieren.

....

b) Der junge Schneider konnte schon damals meisterhaft erzählen.

....

c) Uwe Timm beherrscht nicht nur die Form des Romans glanzvoll, sondern auch die des erzählerischen Essays.

....

d) Gekonnt spielt Parrella mit den zahlreichen Klischees Neapels.

....

e) Sie schafft es, die Figuren plastisch zu schildern.

....

f) Sie beschreibt eindrucksvoll die aktuelle Situation der Stadt.

....

g) Die Autorin hat ein spannendes Buch verfasst, das merkwürdigerweise noch nicht übersetzt worden ist.

....

h) Ihr Können zeigt sich auch an zwei anderen Erzählungen, wo sie authentisch und unsentimental über ihre Stadt schreibt.

....

✍ ***Traducete in italiano il T4. Confrontate poi la vostra traduzione con quella alla fine del capitolo.***

㉑ *Scrivete in circa 200 parole la recensione di un libro a vostra scelta.*

I D Le due lingue a confronto

abbreviazioni e termini utili per la scrittura di un testo accademico	
AA.VV. (Autori vari)	*Versch. Aut. (Verschiedene Autoren)*
(a cura di)	*Hrsg. (Herausgeber)*
tradotto dal tedesco da … / traduzione di …	*Deutsch von…*
250 pag. / pagg. / pp. / p.15 e seg. / segg.	*250 S. / S. 15 f. / ff.*
vol. (volume)	*Bd. (Band)*
cap. (capitolo)	*Kap. (Kapitel)*
ed. (edizione)	*Ausgabe*
ecc.	*etc. / usw.*

per es. (per esempio)	*z.B. (zum Beispiel)*
appendice	*Anhang*
note a pie' di pagina	*Fußnoten, Anmerkungen*
citazione	*Zitat*
caratteri	*Buchstaben*
neretto, corsivo	*fett, kursiv*
»fra virgolette« / aperte e chiuse virgolette	*«in Anführungszeichen»*
maiuscolo, minuscolo	*Groß-, Kleinschreibung*

per dare un'indicazione bibliografica:

Autore, *Titolo*, Casa editrice, Città e data

Parise, Goffredo (Goffredo Parise), *Sillabari*, Mondadori, Milano 1972

Nelle note di un testo saggistico si possono trovare queste abbreviazioni:

op. cit. (opera citata)	*ebd. (ebenda)*
ibid. (ibidem)	*ebenda*
cfr. (confronta)	*vgl. (vergleiche)*
v. / vedi / vedi sopra	*s. / s.o. (siehe / siehe oben)*
vedi a pag. 5	*s. S. 5*
N.d.T. (nota del traduttore)	*Anm.d.Ü. (Anmerkung des Übersetzers)*
N.d.R. (nota della redazione)	*Anm.d.Red. (Anmerkung der Redaktion)*

T Traduzioni dei testi tedeschi

T3 Narrativa

Peter Schneider: ***Lenz***

I sessantottini sono alle soglie della pensione (arrivano all'età della pensione), cosa che non sorprende nessuno tranne loro stessi, e Peter Schneider, che quest'anno ha compiuto 65 anni, ripubblica il suo Lenz, la storia basata su (che prende spunto da, ispirata a) Büchner di uno studente di sinistra che, abbandonato dalla sua ragazza, perde ogni certezza emotiva e teorica e ritrova in Italia una gioiosa sensualità. Si sente dunque anche un'eco del *Fannullone* [N.d.T. novella di Joseph von Eichendorff] e chi rilegge questo racconto, scritto ben 32 anni fa e diventato rapidamente libro di culto per una generazione, proverà una certa nostalgia, ma vedrà anche con quale talento linguistico e con quale capacità di osservazione sapesse (fosse in grado di) narrare il giovane Schneider.

Uwe Timm: *Die Stimme beim Schreiben [La voce nello scrivere]*

Anche Uwe Timm quest'anno ha compiuto 65 anni, anche lui è diventato rapidamente famoso circa 30 anni fa con il suo primo romanzo *Ein heißer Sommer [Una calda estate]* (1974) ed anche questa è la storia di uno studente di sinistra e dei suoi disorientamenti. Di Timm, che padroneggia brillantemente non solo la forma del romanzo, ma anche quella del saggio di carattere narrativo, è disponibile ora un'antologia che include molte cose nuove, racconti, articoli, e il radiodramma (dramma radiofonico), tanto stravagante quanto divertente, *Lauschangriff [Intercettazione telefonica]*.

U. Greiner

T4 Il mondo a Napoli

Valeria Parrella, *Per grazia ricevuta [Der Erfundene Freund]*

Il secondo libro della giovane scrittrice napoletana Valeria Parrella raccoglie quattro racconti. La scrittrice (Ella) illustra i problemi sociali e familiari di alcuni giovani che vivono tutti a Napoli, facendo la commessa, l'estetista, la gallerista o il tipografo.

Nel secondo libro della giovane scrittrice napoletana Valeria Parrella troviamo quattro racconti e con essi quattro protagonisti. […] Vivono ciascuno nel proprio mondo, ma tutti a Napoli e così si manifestano i problemi di questa città nei diversi strati sociali, ma non in modo didascalico, bensì come parte integrante della realtà di questi personaggi. Abilmente Parrella gioca con i vari cliché che gravano sulla sua città natale. […]

Nonostante tutti i problemi familiari e sociali Parrella non compone testi di critica sociale, ma letteratura che risulta quanto mai attuale, non solo grazie alla trama e ai numerosi personaggi giovani. Ella riesce infatti, con una lingua a tratti aspra, ma anche molto precisa, a presentare i personaggi in modo plastico, tanto che nei dialoghi crediamo di sentirli in carne ed ossa. La forza dei personaggi ben si combina con la forza espressiva di questi testi brevi, ma intensi, tradotti in tedesco in maniera scorrevole da Suse Vetterlein.

C. Fischer

Quellen / Fonti

1 (Auto)Presentazioni / Diari
T2 Dal diario di Felina | ridotto da: Giuseppe Caliceti e Giulio Mozzi (a cura di), *Quello che ho da dirvi. Autoritratto delle ragazze e dei ragazzi italiani*, Einaudi, Torino 1998.
T3 Friedrich | ridotto da: *zitty* 11/2006.
T4 Anziehend | ridotto da: *Die Zeit*, 18.10.01.

2 Mail / Lettere
T2 Due lettere dello scrittore Carlo Emilio Gadda a Lucia Rodocanachi | da: Carlo Emilio Gadda, *Lettere ad una gentile signora*, Adelphi, Milano 1983.

3 Interviste
T1 Intervista a Federico Moccia | ridotto da: *Io donna*, 9.4.2005.
T2 Dacia Maraini intervista lo scrittore Goffredo Parise | ridotto da: Dacia Maraini, *E tu chi eri. Interviste sull'infanzia*, Rizzoli, Milano 1998.
T3 Nicoline, 14 Jahre alt | ridotto da: *Der Tagesspiegel*, 2.7.2005.
T4 Paul Maar, Erfinder des Sams, 66, aus Bamberg | ridotto da: *Der Tagesspiegel*, 6.12.2003.

4 Biografie
T1 Carlo Emilio Gadda | adattato da: *L'Espresso*, 25.02.1994.
T2 Simone Martini, pittore | ridotto da: *Il Corriere della sera*, 29.12.2004.
T3 Goffredo Parise | Lübbe Verlagsprospekt.
10. Maria Montessori / Wassily Kandinsky / Maria Callas | *Der Tagesspiegel*, 22.02.2004.
T4 Katharina | *zitty* 6/2006.

5 Descrizioni
T1 Un fine settimana a Torino: misteri e segreti | *Adesso*, 1/2008.
T2 Le muse inquietanti | adattato da: www.politicaonline.it, 08.05.2003.
T3 Auslandssemester in Turin. Eine Stadt mit vielen Gesichtern | ridotto e adattato da: *Berlins universelles Studentenmagazin*, 6/2004.
T4 Farbenrausch | Mona Horncastle, *Ein Tag im Museum. Mit Kindern Kunst entdecken*, Horncastle Verlag, München 2005.

6 Ricette / Istruzioni
T1 Il budino al cioccolato Elah | dalla Confezione del budino Elah.
T2 Come va servito un buon caffè: alcune regole da seguire | www.bialetti.it/caffe/html.
T3 Das Herstellen von Blätter- und Mürbeteig | adattato da: Henriette Davidis, *Praktisches Kochbuch*, Prisma Verlag, Gütersloh 1962.
T4 E-Mail-Umgangsformen | www.microsoft.com/germany/windows/default.mspx.

7 Lettere al giornale
T1 Lettere di lettori del quotidiano *La Stampa* e del mensile *L'Indice* | *La Stampa*, 31.03.2007 / *L'Indice dei libri del mese*, 2/2007 / *La Stampa*, 31.03.2007.
T2 Leserkommentare zum neuen Format der *Frankfurter Rundschau* | www.frblog.de/wo-sind-meine-aktienkurse.
T3 Se un film non è adatto ai bambini, io voglio essere avvisata | ridotto da: *Sorrisi e canzoni*, 30.03.2007.
T4 Karrierefrage | *Der Tagesspiegel*, 22.10.2006.
T5 Po kommt von Padus | *Frankfurter Allgemeine Zeitung*, 25.03.2004.

8 Articoli di cronaca
T1 Berlino. Folle accoltella più di 28 persone. Sei sono gravi | ridotto da: www.unita.it/ 28.05.2006.
T2 Il dramma processuale dall'aula di tribunale alle pagine del romanzo | adattato da: www.modugno.it, 20.02.2006.
T3 Der Amokläufer bleibt in Untersuchungshaft | ridotto da: www.tagesspiegel.de/ 28.05.2006.
T4 Ein Mord wie im Buch | ridotto da: *Süddeutsche Zeitung*, 08.08.2007.
21a. Ein Elternpaar aus Hessen | adattato da: *Frankfurter Rundschau*, 21.06.2006.
21b. Überraschung | adattato da: *Der Tagespiegel*, 14.12.2007.
21c. Am Sonntagmorgen | adattato da: *Frankfurter Rundschau*, 07.01.2008.

9 Recensioni
T1 Nouvelle vague all'italiana | *L'Indice*, 7/8, 2005.
T2 Tre corone per l'italiano | *Il Sole 24 ore*, 29. 02. 2004.
T3 Belletristik | ridotto da: *Die Zeit*, 07.07.2005.
T4 Die Welt in Neapel | ridotto da: www.dradio.de/dkultur/ 04.01.2007.

Bibliografie / Bibliografia

(Strumenti di lavoro consigliati)

Dizionari bilingui

Archambault, Ariane / Corbeil, Jean-Claude, *PONS Bildwörterbuch Deutsch, Italienisch*, Klett, Stuttgart 2008.

DIT Paravia. Il dizionario tedesco-italiano e italiano-tedesco, con CD-ROM, Paravia, Torino 2008.

Giacoma, Luisa / Kolb, Susanne, *Wörterbuch Deutsch–Italienisch / Italienisch–Deutsch*. Zanichelli, Bologna 2001 / Klett, Stuttgart 2005.

I piccoli dizionari Garzanti. Tedesco. Tedesco–italiano, italiano–tedesco, Garzanti Linguistica, Milano 2004.

Il Sansoni tedesco. Dizionario Deutsch–Italienisch, italiano–tedesco, con CD-ROM, Rizzoli Larousse, Milano 2006.

Langenscheidts Maxiwörterbuch Italienisch, Langenscheidt, Berlin/München 2008.

Pons Kompaktwörterbuch Italienisch–Deutsch / Deutsch–Italienisch, Klett, Stuttgart 2007/8.

Dizionari monolingui

De Mauro, Tullio, *Il dizionario di italiano compatto*, Paravia, Torino 2004.

Devoto, Giacomo / Oli, Giancarlo, *Vocabolario della lingua italiana*, con CD-ROM. Le Monnier, Firenze 2009.

Sabatini, Francesco / Coletti, Vittorio, *Il Sabatini Coletti dizionario della lingua italiana* con CD-ROM, Rizzoli Larousse, Milano 2007.

Zingarelli, Nicola, *Lo Zingarelli. Vocabolario della lingua italiana*, con CD-ROM. Zanichelli, Bologna 2008.

Grammatiche

Da Forno, Iolanda / De Manzini-Himmrich, Chiara, *Große Lerngrammatik, Italienisch: Regeln, Anwendungsbeispiele, Tests*, Hueber Verlag, Ismaning 2002.

Reumuth, Wolfgang / Winkelmann, Otto, *Praktische Grammatik der italienischen Sprache*, Gottfried Egert Verlag, Wilhelmsfeld 2001.

Sensini, Marcello, *Grammatica della lingua italiana*, Mondadori, Milano 1999.

Serianni, Luca, *Italiano. Grammatica, sintassi, dubbi*, Garzanti, Milano 2000.

Lehmann, Martin, *Italienische Grammatik: Passend zum europäischen Referenzrahmen. Das Wichtigste auf einen Blick*. Cornelsen, Berlin 2006.

Libri di esercitazione alla traduzione

Angelini, Giulia / Fontana, Elisabetta, *Letteralmente – Liberamente*, Egert Verlag, Wilhelmsfeld 2007.

Esposito-Ressler, M. Antonia / Furno, Ilaria, *Arbeitsbuch Übersetzung. Deutsch–Italienisch*, Narr Verlag, Tübingen 1999.

Martinelli Stelzer, Luisa, *Imparare a tradurre. Corso di base per tradurre dal tedesco all'italiano*, Editore UNI Service, 2005.

Temperini, Maria-Christina / Vassilli, Silvana, *Übersetzungskurs Deutsch–Italienisch: Mit Übungen zur Textanalyse*. Helmut Buske Verlag, Hamburg 2007.

Troger, Monika, *La traduzione dal tedesco all'italiano*, Editore Nuova Cultura, 2005.

Dizionari online

http://dict.leo.org/itde?lang=de&lp=itde
http://iate.europa.eu
http://pons.de
http://dizionari.corriere.it
http://old.demauroparavia.it

Übungsschlüssel / Chiavi

1 (Auto)Presentazioni / Diari

1. Sonia è *di* Reggio Emilia, dove vive con *i suoi* genitori e *sua (una)* sorella, che *ha* cinque anni *più di* lei. Le civiltà *del passato* (*antiche*) le interessano molto e *le* piace molto viaggiare. L'estate *scorsa* ha partecipato *a(d) un* corso dell'Archeoclub, dice che *è stata* un'esperienza eccezionale. *Attualmente* (*ora, adesso*) si sta preparando all'esame *di maturità*. In marzo *ha fatto* domanda per una borsa di studio *a* (*per partecipare a un corso a)* Pompei.

2. *a.* Ho 25 anni e vivo con la mia famiglia a Roma. *b.* Mio fratello si chiama Sebastiano ed ha tre anni meno di me. *c.* A Sonia piace leggere, mentre (invece) la sua sorella maggiore preferisce ascoltare musica. *d.* I miei genitori abitano da due anni a Napoli. *e.* Le nostre figlie vanno molto d'accordo. *f.* Da quando (da quanto tempo) Suo figlio studia medicina a Padova? *g.* Al contrario dei miei fratelli (e sorelle) io non sono un tipo avventuroso. *h.* Al mio amico (al mio ragazzo) piace suonare il pianoforte. *i.* L'estate prossima frequenterò un corso di spagnolo a Madrid con il (insieme al) mio cugino italiano. *j.* La sua amica (la sua ragazza) è molto timida.

3. *a.* liceo | *b.* maturità | *c.* facoltà | *d.* associazione | *e.* professione | *f.* (fare/presentare) domanda | *g.* borsa di studio | *h.* campo estivo.

4. *a.* chaotisch | *b.* gewissenhaft | *c.* ehrgeizig | *d.* ehrlich | *e.* geduldig | *f.* witzig (humorvoll) | *g.* introversa/o | *h.* timida/o | *i.* generosa/o | *j.* gelosa/o | *k.* invidiosa/o | *l.* sicura/o di sé.

5. Sono nato *nel* 1982 *a* Napoli. *A* 15 anni mi sono trasferito con mia madre *in* una cittadina *in (della)* Liguria. *Dal* 2001 *al* 2005 ho studiato Legge *all'*università *di* Genova. *In* questo periodo ho fatto amicizia con Alessandra, una compagna di studi. Dopo la laurea Alessandra ed io siamo andati ad abitare insieme *in* viale Mazzini, vicino *allo* stadio. Anche se siamo di carattere diverso, andiamo d'accordo e *in* aprile abbiamo aperto insieme uno studio legale *in* centro. Andiamo così d'accordo che abbiamo addirittura deciso di sposarci! Non eravamo d'accordo su dove celebrare il matrimonio, io avrei preferito qui *in* città, ma ora abbiamo deciso di farlo *nel* paesino piemontese *da* cui proviene la famiglia di Ale. Ci sposeremo *fra* sei mesi.

6. ci siamo posizionate = ci siamo messe; un casino di gente = un sacco (un mucchio) di gente; faceva schifo = era cattivo; la ma e il pa = la mamma e il papà (la madre e il padre).

7. T2
Liebes Tagebuch,
gestern war ich auf dem Konzert von Vasco in Reggio. Es war schön. Ich und die Ele waren wahnsinnig aufgeregt. Dado, ihr Ex, war auch da. Er ist nett.
Wir sind mit dem Bus in Reggio angekommen und mit dem Shuttle bis zum Stadion gefahren. Wir haben auf dem Feld unser Lager aufgeschlagen. [...] Es war erst halb sechs und es waren schon 'ne Menge Leute da.
Während des Konzerts fühlte ich mich von den Menschen bedrängt und mein Herz raste, weil ich Angst hatte, die Ele und Dado aus den Augen zu verlieren. Die Musik gefiel mir, aber ich kam mir blöd vor. Alle haben mit Vasco mitgesungen, haben die Hände hoch gestreckt, als ob er der Papst oder der Duce wäre. [...]
Bevor wir gingen, habe ich ein belegtes Brötchen gekauft. 5 Euro, jetzt verstehe ich, warum ich so wenig Geld übrig habe. Es schmeckte übrigens scheußlich.
Später haben uns die Eltern von Ele abgeholt, und ich habe bei ihr übernachtet. Heute bin ich nach Hause zurück gekommen und habe mein normales Leben und meinen stressigen Job als Kellnerin für die Sommersaison wieder aufgenommen.

8. *a.* 2 | *b.* 1 | *c.* 1 | *d.* 2 | *e.* 2 | *f.* 1 | *g.* 1 | *h.* 2 | *i.* 1.

9. *a.* Quando siamo arrivati erano solo (appena) le sei, ma c'era già un sacco di gente. *b.* Ero molto emozionata quando ieri al concerto ho visto il mio ex-ragazzo. *c.* Durante il concerto ci batteva il cuore perché Vasco Rossi era così vicino. *d.* Mentre Vasco cantava, tanta gente teneva le mani alzate (alzava le mani). *e.* Si sono comprate/i un panino, anche se era carissimo (stracaro).

f. Quando sono venuti a prendervi (vi sono venuti a prendere) i genitori di Eleonora? *g.* Alla fine ero così stanca che riuscivo appena (non riuscivo quasi) a stare in piedi. *h.* Alla fine Vasco ha cantato la mia canzone preferita ed io ero felicissima! *i.* Il giorno dopo abbiamo dormito fino a quando la madre di Eleonora (non) ci ha svegliato/e. *j.* Quando tu hai telefonato, stavamo ancora dormendo (dormivamo ancora).

10. Esempio di riassunto: Friedrich è originario di Münster, ma vive a Berlino da 37 anni. Ha abitato per vent'anni in una WG. Dopo l'università, non ha terminato il dottorato e ha deciso di fare l'insegnante, anche se questa professione non gli piaceva. Ora è in pensione. Da due anni vive (due anni fa è andato a vivere) con la sua seconda moglie a (sulla) Paul-Lincke-Ufer. Ha una casetta in campagna.

11. *a.* 2 | *b.* 1 | *c.* 1 | *d.* 3 | *e.* 2.

12. *a.* lontano da | *b.* dietro (a) | *c.* dentro | *d.* all'esterno | *e.* sotto | *f.* in basso.

13. *a.* mai | *b.* fra due anni | *c.* alla fine | *d.* spesso | *e.* fino al 2004 | *f.* molte (più volte) alla settimana.

14. *a.* Prima ci piaceva andare a teatro, ora preferiamo andare al cinema. *b.* È venuta a Francoforte un anno fa come borsista. *c.* Ho vissuto per dieci anni proprio nella stessa casa in cui abiti tu adesso. Che coincidenza! *d.* Hai sempre abitato da sola/o, o (a volte) anche in due o in tre? *e.* Mio padre si è trasferito da poco (recentemente) con la sua terza moglie in una casa in campagna. *f.* Negli anni Cinquanta i miei nonni italiani andavano raramente al ristorante.

15. Possibili risposte: *a.* Dal 1997. *b.* Sì, ogni giorno. *c.* La sua professione lo porta a viaggiare molto e non gli piacerebbe un lavoro sedentario, ma quando è a casa tutto sommato ama la tranquillità, è un tipo casalingo. *d.* Un anno fa, ad una festa a Monaco. *e.* Perché Arne è sempre in giro per il mondo insieme ad hostess molto attraenti. *f.* Fa un tirocinio in una grossa ditta.

16. *a.* 1 | *b.* 2 | *c.* 2 | *d.* 1 | *e.* 1 | *f.* 2 | *g.* 2.

17. *a.* Ci vediamo *ogni giorno* (*quotidianamente*) / *una volta alla settimana (settimanalmente)* / *solo qualche volta* (*una volta ogni tanto, di tanto in tanto*). *b.* È spesso *in giro* per lavoro, ma *in effetti* (*a dire la verità, di fatto*) non viaggia volentieri. *c.* Vogliamo restare *assolutamente* (*ad ogni costo*) a Magonza, ma a nostro figlio la città non piace *per niente* (*affatto*). *d.* Lei è gelosa, *in fondo* (*in fin dei conti, dopo tutto*) Arne è molto bello. *e. Inoltre* (*per di più*) lavora insieme a (con) donne attraenti. *f. Prima* Cristina aveva tanti amici giuristi, *nel frattempo* (*adesso*) non le sembrano (li trova) più molto interessanti.

18. *a.* 2 | *b.* 3 | *c.* 1 | *d.* 1 | *e.* 2 | *f.* 3 | *g.* 1 | *h.* 2 | *i.* 3 | *j.* 3.

2 Mail / Lettere

1. *a.* No, è tantissimo che non si scrivono. *b.* No, Nora fa l'Erasmus a Barcellona. *c.* No, all'inizio ha avuto qualche problema di ambientamento. *d.* Sì, Maurizio. *e.* No, non sa ancora che cosa vuole fare in futuro. *f.* Sì.

2. *a.* Wir haben wirklich schon lange nichts mehr voneinander gehört. *b.* Ich habe ein schlechtes Gewissen, dass ich mich nicht mehr gemeldet habe (von mir nicht mehr habe hören lassen). *c.* Ansonsten ist alles in Ordnung. *d.* Ich glaube, dass sie sich in Barcelona sehr wohl fühlt. *e.* Filippo kommt in der Schule im Großen und Ganzen zurecht (wurstelt sich in der Schule so durch). *f.* Grüß ihn herzlich von mir, wenn Du ihn siehst. *g.* Gib uns Bescheid (lass etwas von Dir hören, melde Dich)! *h.* Bis dahin grüßen (umarmen) wir Dich alle herzlich.

3. *a.* ... ci vediamo ... / Hallo, Francesco! Wir haben uns lange nicht gesehen. Wie geht es Dir? *b.* ... sento ... / Ich möchte Franca eine E-Mail schreiben. Ich habe seit zwei Monaten nichts von ihr gehört. *c.* ... vi fate vivi ... / Ihr sollt die Großeltern anrufen. Seit einer Ewigkeit habt ihr euch nicht gemeldet.

4.

aggettivo	avverbio
buono	*bene*
frequente	frequentemente
facile	*facilmente*
stretto	*strettamente*
positivo	positivamente
autonomo	*autonomamente*
costante	*costantemente*
didattico	didatticamente
cattivo	male

5. *a.* facilmente / facile | *b.* buona / bene | *c.* frequenti / frequentemente | *d.* positivo / positivamente | *e.* autonomamente / autonoma | *f.* buoni / bene.

6. *a.* Zurzeit geht es mir sehr gut. *b.* Diese Grammatik ist sehr gut. Sie ist sogar besser als die, die der Dozent empfohlen hat. *c.* Heute geht es Marina schlecht. Gestern Abend hat sie zu viel getrunken. *d.* Gli studenti che stanno facendo l'Erasmus a Pisa non si trovano tanto bene (lì). *e.* In questo locale il caffè è pessimo (molto cattivo). *f.* Qui il vino è ottimo (molto buono).

7. *b.* Fatemi sapere. / Mi faccia sapere. *c.* Ditemi quando venite. / Mi dica quando viene. *d.* Quando vedete Franco, salutatemelo. / Quando vede Franco, me lo saluti. *e.* Chiamatemi stasera. / Mi chiami stasera. *f.* Scrivetemi presto. / Mi scriva presto.

8. *a.* salutala | *b.* Scrivimi | *c.* Andateci | *d.* Chiamala | *e.* fatevi vive/i | *f.* Fagli / invitalo | *g.* Diteglielo.

9. *a.* Innanzitutto (per cominciare, per prima cosa, dapprima) | *b.* Per il resto (altrimenti) | *c.* Magari (forse) | *d.* Intanto (per il momento).

11. Gentile Signora, *La* ringrazio molto del Suo aiuto in questi ultimi giorni. Siccome so che *Le* piace molto la musica, vorrei invitar*La* al concerto della Filarmonica della Scala di cui *Le* avevo parlato. *Le* telefonerò appena sarò riuscito ad avere i biglietti e così potremo anche decidere quando e dove incontrar*ci*.

Cara Caterina, *ti* ringrazio molto del tuo aiuto. Siccome so che *ti* piace molto la musica, vorrei invitar*ti* al concerto della Filarmonica della Scala di cui *ti* avevo parlato. *Ti* telefonerò appena sarò riuscito ad avere i biglietti così potremo anche decidere quando e dove incontrar*ci*.

12. *a.* Sono lieto di vederLa … | *b.* … ho bisogno di parlarti subito. | *c.* … Le possiamo telefonare /… possiamo telefonarLe domani? | *d.* … per dirvi … | *e.* … vuole vederti. /… ti vuole vedere. | *f.* … Le vorremmo chiedere … / … vorremmo chiederLe …

13. *a.* Fammelo sapere quanto prima. *b.* Ditelo ad alta voce. *c.* Diteci di che si tratta. *d.* RingraziandoLa in anticipo Le invio cordiali saluti. *e.* Vuoi che te lo ripeta. *f.* Me lo sappia dire.

10.

lettera informale	italiano	tedesco
formule di apertura	Miei cari Caro Giovanni Ciao, Angela	Ihr Lieben Lieber Giovanni Hallo Angela
formule di chiusura	Ciao! Stammi bene Spero di rivederti Ti abbraccio affettuosamente Un caro saluto = Tanti cari saluti	Mach's gut Ich hoffe, Dich bald wiederzusehen Es umarmt Dich ganz fest, Dein Viele liebe Grüße

lettera formale	italiano	tedesco
formule di apertura	Egregio Professor Segre Gentile Signora Lucia	Sehr geehrter Herr Professor Segre Liebe Frau Lucia
formule di chiusura	In attesa di una risposta, La saluto cordialmente Distinti saluti Sperando di rivederLa al più presto, Le porgo i miei più cordiali saluti	In Erwartung einer Antwort verbleibe ich mit freundlichem Gruß Hochachtungsvoll In der Hoffnung, Sie bald wiederzusehen, grüße ich Sie herzlich

14.
Rom, den 26. Juni 1937
Liebe Frau Rodocanachi,
ich habe Ihnen aus Mailand einen Brief geschrieben, um mich für Ihre Nachricht zu bedanken und Ihnen selber eine Nachricht zukommen zu lassen. Nun bin ich nach Rom und an meine Arbeit zurückgekehrt, bei ziemlicher Hitze. Mir geht es besser.
Ich denke an Sie und danke Ihnen. Bitte grüßen Sie Cian.
Herzlichst (ganz der Ihre)
C. E. Gadda

Mailand, den 22. Dezember 1938
Liebe Frau Lucia,
ich war gerade im Begriff, Ihnen zu schreiben und Ihnen und Cian meine Weihnachts- und Neujahrsgrüße zu übermitteln, als mich Ihr Brief erreichte. Recht herzlichen Dank! Im Januar erwarte ich das Gutachten über die zwei Bücher. Ich glaube, dass ich augenblicklich nicht nach Arenzano reisen kann: Mir geht's solala. Wenn überhaupt, schaue ich nur kurz vorbei [...].
Ich grüße Sie und Cian sehr herzlich und denke oft an Sie (bin Ihnen freundschaftlich verbunden). Ich werde schreiben.
C.E.G.

15. *a.* (-) (Tuo) | *b.* Einen dicken Kuss | *c.* Cordiali saluti | *d.* Es umarmt Dich ganz fest, Dein / Deine (Eine dicke Umarmung) | *e.* Distinti saluti | *f.* Herzlichst.

16. *a.* Buon compleanno! | *b.* Buon Natale! | *c.* Buona Pasqua! | *d.* Buon Anno! | *e.* Buone Feste! | *f.* Buon divertimento! | *g.* Buone vacanze! | *h.* Buon viaggio! | *i.* Rimettiti! (Guarisci presto!) | *j.* In bocca al lupo! | *k.* Dormi bene! | *l.* Stammi bene!

17. Possibili soluzioni: *a.* Sarei molto contenta se tu mi venissi a trovare. *b.* Mi piacerebbe moltissimo che Giuseppe vincesse la borsa di studio. *c.* Le dispiacerebbe se voi non veniste alla sua festa. *d.* Vorrei che Alessandro mi mandasse una mail. *e.* Sarebbe felice se tu le scrivessi. *f.* Ci farebbe piacere se voi vi faceste vivi con Marina. *g.* Non vorrei che fosse troppo tardi.

18. *a.* Jana scrive da Monaco e Franziska si trova a Amburgo. *b.* Non si vedono da tanto tempo. *c.* Jana si è laureata a pieni voti. *d.* Andrà in Sardegna con Andrea. *e.* Alla fine di aprile o all'inizio di maggio.

19. *a.* Sono contenta/o che tu mi venga a trovare (venga a trovarmi). *b.* Sei arrabbiata/o che non mi sia più fatta/o viva/o? *c.* Sono un po' delusa/o che tu abbia dimenticato il mio compleanno. *d.* Siamo contente/i di esserci laureate/i (di aver concluso gli studi, di aver finito di studiare). *e.* Signor Meier, mi dispiace che Lei abbia rimandato l'appuntamento. *f.* Sono molto emozionate/i perché domani è il loro primo giorno di lavoro (per il fatto di iniziare domani il nuovo lavoro).

20. Filippo è contento *di* aver finito la scuola, anche se gli dispiace *di (-)* non poter vedere più i compagni. Prova felicità *al* pensiero *di* non doversi più alzare presto la mattina. Adesso deve *(-)* trovare qualcosa *d'* interessante *da* fare, ma non sa ancora bene che cosa. Preferirebbe *(-)* rimandare la decisione e *(-)* fare un lungo viaggio, però non ha abbastanza soldi e in fondo non desidererebbe *(-)* partire da solo. È *alla* ricerca *di* una facoltà universitaria adatta a lui. Gli piace molto *(-)* suonare la chitarra e giocare *a* calcio e a scuola era bravo *in* italiano, ma è molto difficile per lui *(-)* prendere una decisione. Quando parla con i suoi ex compagni di scuola, qualche volta si vergogna un po' *di* non avere ancora deciso.
Non vede l'ora *di* cominciare la sua nuova vita!

3 Interviste

1. Lo scrittore Federico Moccia è una persona *istintiva* e intollerante. I suoi *migliori* amici sono i ragazzi della *banda* del suo romanzo. In un momento difficile *chiederebbe* consiglio a suo padre. Qualche volta al cinema si commuove e *piange*. A scuola la sua materia *preferita* era l'italiano. Gli piacciono Roma, il blu e come fiore la *margherita*. Vorrebbe avere una casa con giardino dove poter *parcheggiare* (*lasciare*) il motorino o la macchina aperta. È ancora *alla* ricerca di un eroe. Il tratto di carattere che detesta *di più* è la stupidità. Gli piacerebbe *saper* cantare.

2. *Welches ist Ihr wichtigster Charakterzug?*
Der Instinkt.
Welche Eigenschaft schätzen Sie bei einem Mann am meisten?
Klarheit.
Und bei einer Frau?
Weiblichkeit.
Wer ist Ihr bester Freund?
Die «Budokani», die Jugendbande meines Romans.
Welche ist Ihre schlechteste Eigenschaft?

Intoleranz.
Der Mensch, den Sie in einem schwierigen Moment um Rat bitten würden?
Mein Vater.
Wann haben Sie zum letzten Mal geweint?
Mich wühlen manche Filme sehr auf. Neulich habe ich «Der Soldat James Ryan» noch einmal gesehen.
Der glücklichste Tag Ihres Lebens?
Wenn ich ein Kind bekommen werde.
Ihr Lieblingsfach in der Schule?
Italienisch.
Ihre Lieblingsfarbe?
Blau.
Ihre Lieblingsblume?
Die Margerite.
Die Stadt, die Ihnen am besten gefällt?
Rom.
Was würden Sie machen, wenn Sie ein paar Millionen Euro hätten?
Ich würde mir ein Haus kaufen, wo ich nach der Ankunft meinen Motorroller oder das Auto offen im Garten stehen lassen kann, ohne einen Parkplatz zu suchen.
Wer ist Ihr Vorbild?
Ich bin noch auf der Suche. Das letzte war ein Italienischlehrer in der Mittelschule.
Was verabscheuen Sie am meisten?
Dummheit.
Wenn Sie unter vier Augen mit dem mächtigsten Mann der Welt sprechen könnten, was würden Sie ihm sagen?
Lass uns alles langsamer angehen und organisieren wir uns besser.
Welche Begabung hätten Sie gerne?
Ich möchte singen können.
Das schönste Geschenk, das Sie jemals bekommen haben?
Eine Bulova-Uhr von meinem Vater.

3. Il tratto principale del *tuo* carattere? La qualità che *apprezzi* di più in un uomo? Il *tuo* migliore amico? Il *tuo* principale difetto? La persona a cui *chiederesti* consiglio ...? L'ultima volta che *hai* pianto? Il giorno più felice della *tua* vita? La città che *ti* piace di più? Che cosa *faresti* se *avessi* qualche milione di euro? Chi è il *tuo* eroe? Quel che *detesti* di più? Se *potessi* parlare ..., che cosa gli *diresti*? Il dono di natura che *vorresti* avere? Il regalo più bello che *tu abbia* mai ricevuto?

4. *a.* I tedeschi sanno spesso molto bene l'inglese. *b.* Per me la puntualità non è così importante. *c.* Il colore preferito di Laura è l'arancione. Io però preferisco il blu. *d.* La pazienza non è il mio forte. *e.* L'acqua è diventata un bene prezioso. *f.* Gli italiani e gli americani mangiano spesso davanti alla TV (guardando la TV).

5.
a) Von Spielbergs Filmen hat mir *Der Soldat James Ryan* am besten gefallen.
Wirklich? Mir hat *München* besser gefallen.
Spielbergs Filme gefallen mir im Allgemeinen besser als die von Coppola.
b) Welche Eigenschaft schätzt du mehr in einem Freund: Großzügigkeit oder Pünktlichkeit?
Weder noch: Die Eigenschaft, die ich am meisten schätze, ist Ehrlichkeit.

6. *a.* di più | *b.* di più | *c.* più | *d.* di più | *e.* più | *f.* di più | *g.* di più | *h.* più | *i.* più | *j.* di più.

7. Possibili soluzioni: *a.* più interessante / più antipatica | *b.* più brutto / più costoso | *c.* più bello / più noioso | *d.* che io abbia mai incontrato / che io conosca. | *e.* che io abbia mai letto. | *f.* che io abbia mai visto / che Michelangelo abbia dipinto.

8. Possibili soluzioni: *a.* farei un lungo viaggio. | *b.* mi iscriverei al corso di ballo. | *c.* forse troverei più facilmente lavoro. | *d.* girerei tutta l'America del Sud. | *e.* ci passerei almeno due mesi all'anno.

9. *a.* Se Moccia avesse un sacco di soldi, (si) comprerebbe una casa con giardino a Roma. *b.* Se fossi un politico, mi impegnerei per le energie rinnovabili. *c.* Andremmo più spesso al cinema, se avessimo più tempo. *d.* Marta è molto cambiata. Sareste stupiti se la vedeste. *e.* Verresti con me se ti pagassi il viaggio?

10. *a.* Il mio compositore *preferito* è ... | *b.* Di solito *gli* italiani ... | *c. Il mio* migliore amico ... | *d.* Quale qualità apprezza *di più* ... | *e. Il* blu mi piace ... | *f. Il regalo più bello* ... | *g.* Se *avessi* molti soldi ...

12. *a.* veneziana | *b.* palermitana/o | *c.* torinesi | *d.* perugini | *e.* genovese.

13. Per motivare l'uso dei tempi del passato nel T2 ricorrete a criteri quali:
azione puntuale, limitata nel tempo, azione vista come conclusa (passato prossimo), azione ripetuta, vista nel suo svolgimento, descrizione (imperfetto), anteriorità al passato (trapassato prossimo). Nelle vostre spiegazioni tenete conto anche degli indicatori temporali.

14. Ricorda volentieri la sua infanzia? Le secca parlarne? Lei è nato a .... La sua famiglia è ....? Fino a che età è vissuto a ....? Era una famiglia numerosa la sua? E suo padre? Suo nonno che mestiere faceva? E siete diventati poveri? E lei ha sofferto di ......? Perché non la facevano andare a giocare per la strada? E sua nonna com'era? Che rapporti aveva con lei?

15. *a.* Il mio colore *preferito* è *l'azzurro*. *b.* Adesso la cosa che mi *piacerebbe* fare di più è *ballare*. *c.* Cosa *vi* piace soprattutto *di* Firenze? *d. Il suo più grande (il suo maggior)* desiderio è dormire a lungo. *e.* Ti *piacerebbe* essere *più vecchia/o* (*più grande*)?

16. *a.* 2 | *b.* 3 | *c.* 2 | *d.* 1 | *e.* 2.

17. *a.* Come ti trovi qui? (ti piace stare qui?) *b.* Che cosa (cosa) non ti piace della tua città? *c.* Che cosa (cosa) ti piacerebbe fare? *d.* Che cosa (cosa) ti piacerebbe fare più di tutto (qual è la cosa che ti piacerebbe fare di più) durante le prossime vacanze? *e.* D'estate (in estate) preferisco restare a casa. *f.* Mi piacerebbe fare un viaggio da qualche parte. *g.* Mi piace leggere a letto (stare a letto a leggere). *h.* Vi è piaciuto il film? *i.* Per il compleanno mi piacerebbe avere (ricevere) in regalo una bicicletta. *j.* Vorrei (mi piacerebbe) che venissi anche tu.

18. *a.* 2 | *b.* 2 | *c.* 1 | *d.* 2 | *e.* 1 | *f.* 2.

19. *a.* Signora Roth, qual è il Suo ristorante preferito? *b.* Buon giorno signor Maar! Le dispiacerebbe rispondere ad un paio di domande? *c.* Si trovano bene i Suoi figli nella nostra città, signora Calzecchi? *d.* Avrebbe voglia di fare una passeggiata, dottore? *e.* Dottor Scajola, Le piace guardare la televisione? *f.* Le (vi) piacciono i funghi? *g.* Preferisce i romanzi o i libri di storia, dottoressa Bruni? *h.* Quali libri preferisce leggere (quali sono i libri che legge più volentieri, che libri Le piacciono più di tutti), avvocato?

20.

soggetto	oggetto diretto	oggetto indiretto	riflessivo	possessivo
io	mi	mi	mi	mio, mia, miei, mie
tu	*ti*	ti	ti	tuo, tua, *tuoi*, tue
lui	lo	*gli*	si	suo, sua, suoi, sue
lei, Lei	*La, La*	le, Le	*si, Si*	suo, sua, suoi, sue
noi	ci	ci	ci	nostro, -a, -i, -e
voi	vi	*vi*	vi	vostro, -a, -i, -e
loro	li, le	gli (... loro)	*si*	il / la / i /le *loro*

21. *a.* Le | *b.* l' | *c.* vedervi | *d.* La | *e.* Si sieda | *f.* vostro | *g.* telefonarLe | *h.* Non si preoccupi.

4 Biografie

1. 1893 – Nascita | 1920 – Laurea in ingegneria | 1931 – Pubblicazione di ... | 1950 – Traferimento a Roma | 1973 – Morte.

2. Possibile biografia: È nata *nel 1980 a Palermo*, dove ha trascorso i primi anni della sua vita. *Nel 1998* si è trasferita *a Napoli*, qui si è laureata in *Lettere* ed ha esercitato la professione di *insegnante* in un liceo cittadino. A 26 anni *ha pubblicato* il suo primo romanzo, per il quale *ha vinto il premio Campiello*. In seguito *ha scritto altri romanzi di successo, fra cui «La voce del silenzio», che è considerato il suo capolavoro*. Attualmente collabora *a varie riviste tra cui «Nuovi argomenti»* e cura *la collana dei nuovi narratori per la casa editrice e/o*.

3. *b.* ha combattuto / combatté | *c.* è stato fatto prigioniero / fu fatto prigioniero | *d.* ha esercitato / esercitò | *e.* ha pubblicato / pubblicò | *f.* è vissuto / visse | *g.* è uscito / uscì | *h.* è morto / morì.

4. *a.* il 15.1.2003 | *b.* dal 1990 al 1999 | *c.* nel corso del 2005 | *d.* negli anni seguenti | *e.* sei mesi dopo | *f.* nel XIII sec. (nel tredicesimo secolo, nel '200/ Duecento) | *g.* per trent'anni | *h.* nella seconda metà del XIX (del diciannovesimo secolo, dell'800/ Ottocento) | *i.* all'inizio degli anni '70 (Settanta) | *j.* nel dopoguerra.

5. Simone Martini, Maler
Er wurde 1284 in Siena geboren und war in der Stadt ab dem zweiten Jahrzehnt des 14. Jahrhunderts als Maler tätig. Seine Ausbildung hatte Simone Martini wahrscheinlich in der Werkstatt von Duccio erfahren. Er war auch von den Skulpturen von Giovanni Pisano fasziniert. Bald kam er in Berührung mit Kreisen der französischen Gotik und begann jene Linearität zu praktizieren, die

zu Meisterwerken wie der nun in den Uffizien in Florenz aufbewahrten *Verkündigung* (1333) führen sollte. Drei Jahre später zog er als Maler an den päpstlichen Hof von Benedikt XII. nach Avignon. Er lernte Petrarca kennen, mit dem ihn eine enge Freundschaft verband.

6. *b.* Prima (in un primo tempo, dapprima, inizialmente) restò (rimase) a Monaco. *c.* Ben presto (subito) divenne famosa. *d.* Dal (a partire dal) 1995 vive a Roma. *e.* In seguito (successivamente, più tardi, in un secondo tempo) sviluppò un nuovo metodo. *f.* Continuò a scrivere fino alla morte (fino a quando morì). *g.* Oggi (attualmente) vive a Londra. *h.* Si è sposata due anni fa. *i.* Recentemente (di recente, qualche tempo fa) è stata inaugurata una mostra su di lei. *j.* Infine (alla fine) ricevette (gli fu conferito) il premio Nobel.

7. *a. Tornato* dalla guerra, si laurea in ingegneria. *b. Laureatosi* in ingegneria, esercita per molti anni la professione di ingegnere. *c. Pubblicati* i primi articoli su *Solaria*, comincia ad essere conosciuto. *d. Trasferitosi* a Roma nel '50, si dedica alla scrittura di *Quer pasticciaccio brutto de via Merulana*. *e. Lasciata* l'Argentina, ritornò in Italia. *f. Nato* a Siena, Simone Martini iniziò qui la sua carriera di pittore. *g. Entrato* in contatto con pittori francesi, ne subì l'influenza. *h. Dipinti* vari affreschi ad Assisi, ritornò poi a Siena.

8. *a.* 1 | *b.* 2 | *c.* 1 | *d.* 1 | *e.* 2 | *f.* 2 | *g.* 2.

9. *a.* Tra i venti e i ventidue anni frequentò senza successo l'università a Padova. *b.* A ventitré anni si trasferì a Milano. *c.* Da giovane (fin da giovane, in giovane età) cominciò a scrivere articoli per il giornale locale. *d.* All'età di ventisei anni pubblicò (quando aveva 26 anni uscì) il suo primo reportage per il *Corriere della Sera*. *e.* Nel 1966 fece un viaggio (andò) in Cina. *f.* Quando morì, non aveva ancora sessant'anni. *g.* Nella foto sembra un ventenne (sembra che abbia vent'anni, dimostra vent'anni), ma era già sui trenta. *h.* Andrea Zanzotto, poeta ottantasettenne (che ha oggi 87 anni), conosceva bene Parise.

10. M. Montessori studiò (ha studiato) medicina .... In seguito (successivamente) sviluppò (ha sviluppato) un nuovo metodo... Nel 1907 nacque (è nata) la prima scuola Montessori ... A partire dal 1911 ce ne furono (ne nacquero, ne furono fondate, ce ne sono state, ne sono nate, ne sono state fondate) altre ...
W. Kandinsky, dopo aver studiato giurisprudenza, decise (ha deciso) di diventare pittore. Perciò, a partire dal 1896, studiò (ha studiato) arte a Monaco ... Il primo acquarello astratto di Kandinsky è del 1910. (nel 1910 dipinse, ha dipinto) ... Nel 1911 divenne (è diventato) membro del ... Nel 1933 dovette (è dovuto, ha dovuto) emigrare.
M. Callas studiò (ha studiato) canto ad Atene. Fu (è stato) in Italia che divenne (è diventata) una star ed era considerata ... Sposò (ha sposato) l'amico... Dopo la separazione (dopo il divorzio) ebbe (ha avuto) una relazione ...

11. *a.* Diventò (è diventato) attore, come suo padre. *b.* In Italia le scuole Montessori furono chiuse dai fascisti. *c.* Alla Scala di Milano la Callas divenne un (una) soprano di fama mondiale. *d.* Cosa vuoi fare (diventare) da grande? *e.* La musica è la nostra vita. Abbiamo sempre voluto fare i musicisti (diventare musicisti). *f.* A quarant'anni si è ammalata gravemente. *g.* Molti dei suoi quadri furono (sono stati) acquistati (comprati) da collezionisti americani. *h.* Alcuni anni dopo impazzì (è impazzito). *i.* Non si stancò mai (si è mai stancata) di lottare per le sue idee. *j.* I suoi libri vengono (sono) letti ancora oggi dai bambini di tutto il mondo.

12. *a.* A Wuppertal. *b.* Perché il padre è stato assunto dalla DSO. *c.* Sì, il piano. *d.* Le sarebbe piaciuto fare la ballerina. *e.* Negli Stati Uniti. *f.* In America ha lavorato in un cantiere edile, ha fatto pesca d'altura. Tornata in Germania ha lavorato come traduttrice ed ha lavorato per l'esercito americano in qualità di assistente nel management. Oggi è illustratrice di libri per bambini. *g.* Aveva iniziato a studiare americanistica, dopo la parentesi americana ha continuato gli studi e poi si è iscritta a informatica. *h.* No, vive con la figlia di sei anni. *i.* Ha illustrato un libro per bambini.

13. *a.* profess*ionale* molto vari*a* e interess*ante*. | *b.* maggior*anza* (maggior parte) ... fa l'inseg*nante* ... lavorano come interpret*i* e come tradut*trici* ... diventano giornal*iste* o consulent*i* edito*riali* in una casa editri*ce*. | *c.* ... le profess*ioni* più interessan*ti* e remunerat*ive* ... a*gli* uomini. | *d.* ... donne imprendit*rici* ... nelle industri*e* tessil*i*, in aziende vinico*le* e anche nel settore finazia*rio*. | *e.* ... alcun*e* questioni important*i* relativ*e* ... Ministero delle Pari Opportu*nità*. | *f.* ... po*che* le donne giovan*i* ... fare le casalin*ghe*.

14. *a.* Arbeiterin | *b.* Rechtsanwalt | *c.* Arzt | *d.* Schneiderin | *e.* Barkeeper | *f.* Busfahrer(in) | *g.* Tischler | *h.* Klempner | *i.* Steuerberater(in)

| *j.* Geiger(in) | *k.* Politesse / Polizist | *l.* Straßenfeger.

15. *a.* regista | *b.* attrice | *c.* tassista | *d.* impiegato | *e.* infermiera | *f.* poliziotta | *g.* biologo | *h.* cassiera | *i.* giudice | *j.* dentista | *k.* macellaio | *l.* calzolaio.

16. *a.* Rimase (continuò) a vivere a Colonia. *b.* Bene! Avanti così! *c.* Non dobbiamo più occuparci di lei (preoccuparci per lei). *d.* Per favore la smetta di parlare! *e.* Continuerà a lavorare come grafica. *f.* Dopo un'interruzione ha ripreso (riprese, ha continuato, continuò) a lavorare come giornalista.

17. *a.* 1 | *b.* 2 | *c.* 1 | *d.* 2 | *e.* 1 | *f.* 2 | *g.* 2 | *h.* 1.

18. Possibili soluzioni: *a.* Lavora come giornalista. Fa la giornalista. Svolge la professione di giornalista. *b.* Non ha avuto (ebbe) successo come danzatrice. Come ballerina non ha sfondato (sfondò). *c.* A trent'anni ha avuto (ebbe) un figlio. A trent'anni è diventata (diventò) madre. *d.* Ha svolto una formazione come grafica. Ha seguito un corso per diventare grafica. *e.* Ha conosciuto (conobbe) il suo futuro marito dopo gli studi. Finita l'università, ha fatto (fece) la conoscenza di colui che sarebbe diventato suo marito. *f.* Ha sposato (sposò) Luigi poco dopo la maturità. Appena finita la maturità, si è sposata (si sposò) con Luigi.

5 Descrizioni

1. Al primo *sguardo* Torino sembra una città rigorosa e lineare, ma ad un esame più *attento* invece la città rivela un'anima inaspettata e misteriosa. Torino non è la tipica *meta* turistica. Nei suoi palazzi e monumenti *vengono* (*sono*) conservati i segreti della tradizione esoterica e le reliquie della *cultura* (*tradizione*) cristiana. Insieme a Lione e Praga, Torino fa parte del *triangolo* della magia bianca, con Londra e San Francisco di quello della magia *nera*. Dalla chiesa della Gran Madre, imponente edificio in stile *neoclassico* si può iniziare un giro alla *ricerca* del mistero.

2. *a.* parco | *b.* ponte | *c.* vetrina | *d.* casa | *e.* pedone.

3. *a.* il palazzo *rinascimentale* | *b.* la chiesa *barocca* | *c.* gli edifici *neoclassici* | *d.* la facciata *liberty* | *e.* la tradizione *cristiana* | *f.* la teologia *ebraica*.

4. *a.* F | *b.* M / M | *c.* F | *d.* M | *e.* F.

5. *a.* dell*e* grand*i* metropol*i* italian*e* | *b.* considerat*a* un*a* dell*e* capital*i* europe*e* | *c.* N*elle* sale *i* fantasm*i* | *d.* Quest*a* città è ricc*a* di importanti monument*i* e di palazz*i* barocch*i* | *e.* venut*e* moltissim*e* sta*r* internazional*i* | *f.* *Le* Alp*i* che contornano *la* parte ... con *gli* Appennin*i* (*l*'Appennin*o*) *le* più important*i* caten*e* montuos*e* italian*e*. | *g.* *un* prodott*o* originari*o* del Piemonte che si fa con *le* nocciol*e*.

6. *a.* Venezia è una tipica *meta* turistica. *b.* Nel mio giardino ho piantato un bel *pero*. *c.* La vostra camera *dà* sul cortile. *d.* La residenza estiva del *papa* si chiama Castelgandolfo. *e.* Al mercato delle pulci di Torino ho comprato un vecchio *comò*. *f.* Il film «Titanic» non mi è piaciuto: lo trovo troppo *melò*. *g.* Le piace andare ogni tanto al *casinò*.

7. *a.* gravi danni (danni gravi) | *b.* turisti stranieri | *c.* buon caffè | *d.* canzoni popolari | *e.* vecchio castello | *f.* famoso scrittore (dello scrittore famoso) / riva destra | *g.* occasione unica | *h.* bambino piccolo.

8. *a.* Questa città ha molti monumenti importanti e famosi. *b.* La Mole Antonelliana è un noto (famoso) edificio, che venne progettato dall'architetto torinese Antonelli. *c.* Da lì si ha (si gode) una meravigliosa vista (una vista meravigliosa) sulla città e con il bel tempo (se fa bel tempo) fino alle Alpi. *d.* Originariamente la Mole Antonelliana doveva servire come sinagoga ebraica, ma l'imponente edificio non venne finito per motivi di costi. *e.* Troverete dei libri su questo argomento (tema) nella biblioteca nuova e non in quella vecchia. *f.* Questo edificio è bello e non brutto, come hai detto tu.

9. *a.* manichino | *b.* palcoscenico | *c.* ciminiera | *d.* pavimentazione | *e.* asse di legno | *f.* punto di vista.

10. *a.* De Chirico ha dipinto il quadro a Ferrara. *b.* Nel quadro troviamo il Castello Estense. *c.* Hanno la funzione di «devitalizzare» la realtà. *d.* Il castello e la fabbrica esprimono questa polarità. *e.* Le due metà del quadro sono viste da punti di vista diversi.

11. *a.* *Nell*'immagine *in* primo piano si vedono due manichini. *b.* *Sullo* sfondo, *a* destra, accanto *a* imponenti edifici in ombra, si trova il Castello Estense. *c.* A sinistra *del* castello c'è una fabbrica. *d.* Dietro *la* fabbrica si innalzano due alte ciminiere. *e.* Di fronte *al* castello, quasi al centro *della* piazza c'è una statua che sembra un manichino. *f.* La maschera è appoggiata per terra, proprio di fianco *al* manichino seduto. *g. Fra* (*tra*) *i* due manichini, quello in piedi e quello seduto, c'è un'asta di legno.

12.

vicino a	*in der Nähe von*
fra (*tra*)	zwischen / unter
sulle rive di (in riva a)	*am Ufer von*
di fianco a (*accanto a*)	neben
lungo	*entlang*
di fronte a qc./qu.	etw. / jdm. gegenüber
fuori da	*draußen von*
a destra / a sinistra di	rechts / links von
lontano da	*weit weg von*
dietro (*a*)	hinter
in fondo a	*am Ende von*
al centro di (*in mezzo a*)	mitten auf (in)
attraverso	*durch*
davanti a	vor

13. *a.* Mio cugino, che lavora come manager in una grande ditta, ha comprato parecchi (numerosi) quadri di pittori contemporanei. *b.* Tutti e due i quadri (entrambi i quadri) il pittore li ha dipinti durante il suo soggiorno a Ferrara. *c.* Qui c'è troppo rumore, andiamo via! *d.* In questa città ci sono troppe auto e pochi parcheggi. *e.* Entrambe le chiese (tutte e due le chiese) erano (erano state costruite) in stile rinascimentale. *f.* Alcuni autobus sono colorati (qualche autobus è colorato).

14. Die beunruhigenden Musen. Das Bild wurde 1917 gemalt, als sich G.D.C. in Ferrara aufhielt. Die Stadt gibt dem Künstler wichtige Anregungen [...]. In diesem Gemälde erscheinen die typischen Elemente des metaphysischen De Chirico: leere urbane Räume mit entstellten Perspektiven und Gliederpuppen statt Personen. Beide Elemente haben die Funktion, die Realität leblos erscheinen zu lassen. Das Bild zeigt einen Platz: anstelle des Pflasters gibt es jedoch Holzbretter, die uns an eine Bühne erinnern. Im Hintergrund rechts erscheint das Schloss Estense von Ferrara, auf der linken Seite gibt es eine Fabrik mit hohen Schornsteinen. Sie repräsentieren die antik-moderne Polarität, doch erscheinen beide Gebäude leer und ungenutzt: Das Schloss hat dunkle Fenster, ein Zeichen dafür, dass es nicht bewohnt ist. Die Fabrik hat Schornsteine, die nicht rauchen, ein Zeichen dafür, dass hier in Wirklichkeit nicht gearbeitet wird. Zu beachten ist, dass beide Hälften des Bildes aus verschiedenen Perspektiven gemalt sind: von einer hohen Perspektive aus, was den unteren Teil betrifft, während der obere Teil von einer niedrigeren Perspektive aus dargestellt ist. Diese Besonderheit war in der deutschen und flämischen Malerei des 15. Jahrhunderts weit verbreitet (oft anzutreffen).

15. *a.* Dove sono andate a finire (dove sono finite) le foto del nostro viaggio? *b.* Hai degli spiccioli a portata di mano? Non accettano banconote. *c.* I miei vestiti vecchi vanno a finire quasi sempre nella pattumiera. *d.* Quando sono tornata a casa ieri sera, avevo un po' di paura. In giro non c'era anima viva (neanche una persona). *e.* In estate e in inverno la zona pedonale è affollata da tanti turisti (tanti turisti affollano la zona pedonale). *f.* Incontriamoci. Ho da raccontarti un sacco di cose. *g.* Hai pronti i passaporti? Siamo quasi al check-in. *h.* Comprando queste azioni hanno fatto un bel colpo. *i.* Ha perso un mucchio di soldi in borsa. *j.* Siamo capitati (finiti) in uno studentato bruttissimo (squallido). *k.* Davanti al nuovo locale il fine settimana si ritrovano (si danno appuntamento) i giovani.

16. *a.* Ci sono | *b.* ci sono | *c.* ci sono | *d.* è | *e.* ci sono | *f.* è | *g.* c'è | *h.* è | *i.* ci sono | *j.* c'è.

17. *a.* Nell'immagine (nel quadro) si vede un grande mercato con molta gente. b In primo piano c'è una fontana che è circondata da quattro statue. *c.* Davanti al municipio barocco c'è un monumento. *d.* Sullo sfondo si vedono dei grattacieli (dei palazzoni). Sembrano molto moderni. *e.* L'edificio arancione al centro (nel mezzo), che sembra una torre, è la ciminiera della vecchia fabbrica. *f.* Accanto al caffè storico c'è il museo egizio.

18. *a. eventuell* forse | *b. kulturell* culturalmente | *c. anfangs* inizialmente | *d. unbedingt* assolutamente | *e. zufällig* per caso.

19. *a. La* sua città natale è Cremona *b.* Prima di un viaggio bisogna fare bene i *propri* programmi. *c.* Sono dei veri romani di Roma: *il* loro quartiere gli piace moltissimo. *d. Sua* sorella si chiama Caterina. *e.* Dov'è *la* mia nuova pianta della città. *f.* Giovanni è venuto con *i* suoi fratellini. *g.* Si è felici se si raggiunge la *propria* meta.

20. *a.* 3 | *b.* 1 | *c.* 2 | *d.* 2.

21. *a.* le borse viola | *b.* gli scialli verdi | *c.* i tram arancione | *d.* i girasoli gialli | *e.* i veli blu | *f.* le superfici bianche | *g.* i pigiami rosa | *h.* le scarpe marrone | *i.* gli edifici giallo ocra | *j.* le tende azzurro chiaro.

22. *a.* La bambina sembra avere fame (sembra che la bambina abbia fame). *b.* La luce è spenta. Sembra che non ci sia nessuno. *c.* La piazza è vuota; mi sembra (ho come l'impressione) che sia domenica mattina. *d.* Le finestre sono chiuse. Segno che i miei amici non sono in casa. *e.* L'uomo sembra felice. *f.* Lui ride. Segno che è felice. *g.* Ho l'impressione che il pittore abbia voluto esprimere il suo stato d'animo.

6 Ricette / Istruzioni

1.

versi (Lei)	versare	versa (tu)	versate (voi)
sciolga	sciogliere	sciogli	sciogliete
finisca	finire	finisci	finite
metta	mettere	metti	mettete
porti	portare	porta	portate
lasci	lasciare	lascia	lasciate

2. Fa', metti, fa', scola, versali, unisci, mescola, metti, cospargi, accompagna.
Faccia, metta, faccia, scoli, li versi, unisca, mescoli, metta, cosparga, accompagni.

3. *a.* Non sbucciate i pomodori! *b.* Non scaldare la mozzarella! *c.* Non aggiungete delle cipolle! *d.* Non mettere il basilico per primo e non tagliare i pomodori a pezzi, ma a fette! *e.* Non versi un litro d'olio! *f.* Non condire con aceto! *g.* Non aggiunga peperoncino!

4. Scolare gli spaghetti. = Spaghetti abgießen.
Mettere gli spaghetti in un piatto da portata. = Spaghetti in eine Schüssel (Servierplatte) geben.
Cospargere di prezzemolo. = mit Petersilie bestreuen.
Accompagnare con vino bianco. = reichen (Servieren) Sie dazu einen Weißwein.
Affettarli non troppo sottilmente. = in nicht zu dünne Scheiben schneiden.
Disporre ... alternandoli. = abwechselnd anordnen.
Irrorare con un filo d'olio. = mit etwas Öl beträufeln.
Macinare al momento. = frisch mahlen.
Sciogliere accuratamente. = gründlich auflösen.
Mescolando portare ad ebollizione. = unter ständigem Rühren zum Kochen bringen.

5.
a. Vorrei fare una torta alla mia amica Karin per il suo compleanno. *b.* Non è difficile preparare un buon ragù. *c.* Sapete cucinare bene (siete bravi a cucinare)? *d.* Non so come si cucinano (preparano) i gamberetti. *e.* Quanto tempo devono cuocere le patate? *f.* Il roastbeef non deve cuocere a lungo. *g.* Mi prepari un bel tè caldo? *h.* La minestra deve cuocere circa un'ora e mezza. *i.* Chi di voi prepara il pranzo oggi?

6. *b.* scolapasta | *d.* friggere | *f.* scaldare | *h.* mestolo | *j.* salare | *k.* pentola.

7. *a.* Scolateli. | *b.* Mettila. | *c.* Falla cuocere. | *d.* Sbucciatele / Tagliatele. | *e.* Non farlo cuocere. | *f.* Aggiungeteci.

9. Per fare la Caprese *si va* al mercato o in una buona salumeria a comprare della mozzarella di bufala. *Si devono* avere inoltre dei pomodori saporiti. *Si tagliano* a fette mozzarella e pomodori e *si dispongono* su un piatto alternandoli. Poi *si prende* del buon olio d'oliva e *si condisce* il tutto con olio, sale, pepe e basilico. Questa ricetta riesce sempre anche se non *si è* cuoch*i* espert*i*!

10. Si prende la moka, si mette l'acqua nella caldaietta (fino alla valvola!). Si infila dentro il filtro ad imbuto. Poi si riempie il filtro con il caffè (senza pressarlo). Si avvitano le due parti della caffettiera che si mette poi sul fuoco. Il caffè si versa bollente nelle tazzine!

11. *a.* Come va servito un buon caffè (come deve essere servito, come si deve servire). *b.* alcune regole da seguire (alcune regole che devono essere seguite, che vanno seguite, che si devono seguire). *c.* Il caffè deve essere preparato (si deve preparare, va preparato). *d.* Il caffè va servito bollente (deve essere servito, si deve servire). *e.* Le tazzine devono essere riempite (si devono riempire, vanno riempite). *f.* il cucchiaino va depositato sul piattino (deve essere depositato, si deve depositare).

12. *a.* Il dolce va messo nel forno preriscaldato. *b.* Il vino bianco va bevuto freddo. *c.* Le gocce vanno prese un'ora prima dei pasti. *d.* La domanda andava presentata entro il 31 dicembre. *e.* Il conto va pagato al più presto. *f.* I testi andranno controllati con cura.

13. *a.* *Per* fare gli spaghetti *al* ragù che cosa devo comprare? *b.* Come dessert Luisa ci ha preparato un budino *al* cioccolato *c.* Quando le verdure sono cotte, devi metterle *su* (*in*) un piatto *da* portata *d.* Mi dia una confezione *di* panna *da* 125 gr., per favore, e mezzo chilo *di* gnocchi! *e.* Per il suo compleanno ho regalato a Lucia una teiera *di* porcellana e delle meravigliose tazze *da* tè bianche e blu. *f.* Fa così caldo, dammi qualcosa *di* fresco *da* bere!

14. Wie man einen guten Kaffee serviert: hier einige Regeln
Der Kaffee muss direkt vor dem Trinken zubereitet (gekocht) werden: Nach einer halben Stunde verliert er einen Teil seiner charakteristischen Aromen. Es ist überflüssig zu betonen, dass er sehr heiß serviert werden soll, direkt von der Kanne in die Tassen, die, wie es der gute Ton verlangt, zu zwei Dritteln gefüllt sein sollen.
Man vergesse nicht, auf das Tablett ein kleines Milchtöpfchen für diejenigen, die ihn nicht schwarz trinken, zu stellen, und natürlich auch nicht den Zucker (weißen oder Rohrzucker). Aufgepasst: Nachdem der Kaffee getrunken ist, legt man das Löffelchen auf die Untertasse und lässt es nicht in der Tasse.

15.
a. 2 | *b.* 9 | *c.* 5 | *d.* 1 | *e.* 4 | *f.* 3 | *g.* 7 | *h.* 6 | *i.* 8.
a. 6 | *b.* 1 | *c.* 4 | *d.* 5 | *e.* 7 | *f.* 3 | *g.* 2.

16. *a.* Sai fare la pizza? *b.* Domani tocca a Carlo far da mangiare: io non posso perché vorrei andare al cinema con un amico. *c.* Per fare la maionese bisogna sbattere il tuorlo velocemente, se no impazzisce. *d.* Non si devono (dovrebbero) mangiare troppe uova in un giorno solo. *e.* Gli spaghetti al ragù mi piacciono molto. *f.* Non posso (devo) più bere vino per via dei miei mal di testa. *g.* Il nostro frigorifero è vuoto, dobbiamo assolutamente fare la spesa. *h.* Nei ristoranti italiani è vietato (non si può) fumare.

17. *a.* fare clic (cliccare) | *b.* messaggio | *c.* finestra di messaggio | *d.* casella | *e.* digitare | *f.* indirizzo di posta elettronica | *g.* destinatario | *h.* inviare | *i.* oggetto | *j.* file (documento) | *k.* allegare | *l.* barra degli strumenti | *m.* barra dei menu | *n.* in internet.

18.
a) Seleziona la parte del testo desiderata, fai clic sul pulsante *Ortografia e Grammatica* nel menu *Strumenti*. Si aprirà una finestra di dialogo. Window ti suggerirà delle correzioni. Se le accetti, clicca sul pulsante *Cambia*, se le rifiuti, sul pulsante *Ignora*.
b) Seleziona la parola o la parte di testo desiderata, trascinala con il mouse, tenendo premuto il tasto sinistro, nel punto del testo dove vuoi inserirla e lascia andare il tasto. Hai una seconda possibilità: dopo aver selezionato la parola e la parte di testo desiderata, clicca sull'icona *Taglia*, va' con il mouse nel punto del testo dove vuoi inserirla e clicca sull'icona *Incolla*.

19. a) *a.* Humor | *b.* Beleidigung | *c.* Geduld| *d.* sarkastisch | *e.* lästig | *f.* wütend.
b) emozione, emozionare, emozionante, emozionato, emozionalità, emotivo.

21. *a.* Devi stare più attento: il tuo comportamento può essere interpretato (si può interpretare) in modo sbagliato. *b.* Questo libro deve essere restituito (si deve restituire) entro domani. *c.* Le telefonate non devono (possono) essere intercettate (si devono intercettare, si possono intercettare). *d.* Negli elaborati (compiti scritti) l'ortografia e la grammatica devono essere controllate (si devono controllare) accuratamente. *e.* Queste regole di comportamento dovrebbero essere osservate da tutti gli utenti.

22. *a.* va lavata / Die Kaffeemaschine darf nur mit Wasser abgewaschen werden, sonst geht das Aroma des Kaffees verloren. *b.* andrebbe presa / Dieses Medikament sollte nur unter ärztlicher Aufsicht eingenommen werden. *c.* viene letto / Das Kochbuch von Artusi wird noch von vielen Menschen gelesen. *d.* vanno fatte / Diese Übersetzungen sollen mit einem einsprachigen Wörterbuch gemacht werden. *e.* andrà fatta / Der Antrag (Die Bewerbung) muss bis zum 5. Oktober eingereicht werden. *f.* viene visitata / Die Ausstellung wird täglich von Hunderten von Menschen besucht.

7 Lettere al giornale

1. *a.* Congratulazioni! | *b.* Che schifo di pettinatura! | *c.* in bocca al lupo! | *d.* Tanti auguri | *e.* Complimenti | *f.* Che vergogna (Che figura) | *g.* Che peccato (Che delusione)! | *h.* Complimenti! | *i.* Che figura (che peccato)! | *j.* Che delusione!

2.
A) Glückwünsche zu der «neuen» Zeitung. Es ist nicht nur das Format; jetzt scheint sie mir vollständiger in manchen Sparten der Kultur und der Außenpolitik. Mein Kompliment an alle.

B) Guten Tag, Herr XXX, seit kurzer Zeit bin ich Abonnent des *Indice* (aber seit langem Leser dieser Zeitschrift). Ich habe gerade Ihr Januar-Exemplar erhalten. Was für scheußliches Papier! Auch vorher war es nicht gerade wunderbar, aber jetzt ist es wirklich schlecht. Da Sie mit Büchern zu tun haben, sollten Sie wissen, dass Glanzpapier die Lektüre erheblich erschwert! Machen Sie es doch so wie vorher! (Besinnen Sie sich!)
C) Ich war schwer enttäuscht von dem Re-Styling der Zeitung. Bis heute war die *Stampa* eine Zeitung, die durch ihr klares Layout bestach. Ich bin der Meinung, dass mit der Erneuerung der Zeitung dieser Vorzug verloren geht, und dies war der Grund, warum ich bisher die *Stampa* den anderen Zeitungen vorgezogen habe, von denen sie jetzt die schlechteste Eigenschaft übernimmt, nämlich das Format. Ich vermute, dass hinter dem Re-Styling die Arbeit eines Expertenteams steckt; aber wenn das das Ergebnis ist, sollte man lieber zum alten Format zurückkehren.

3. *a.* bellissima (ottima) | *b.* il migliore (il più bravo) | *c.* bruttissimo (pessimo) | *d.* migliori (più belle, meglio / peggiori, più brutte, peggio) | *e.* peggiore (più brutto, peggio) | *f.* la peggiore | *g.* ottimi (bellissimi) | *h.* migliore (più bello).

4. Lettore A) no, sì, #, no (un po'), sì, no
Lettore B) sì, sì, sì, #, no, sì
Lettore C) sì, no, no, sì, #, #.

5.
A) ... sono entusiasta del nuovo formato ... è diventato difficile dividersi il giornale ... Questo a me personalmente non importa molto (non dà tanto fastidio). ... una buona ragione (un buon motivo) per abbonarsi al giornale. ... mi congratulo con voi per aver fatto un passo nella direzione giusta.
B) Quello che non mi piace è il contenuto!! ... per giustificare l'ampia parte dedicata alle notizie locali (alla cronaca locale) ... Altro che conquistare lettori giovani e donne.
C) Questa non è più la *Rundschau* che ho imparato ad apprezzare nel corso degli anni (apprezzo da tanti anni).... non mi piace (il fatto) che il giornale sia compatto (tutt'uno).

6. *a.* Qual è la Sua posizione al riguardo? (Lei che ne pensa?) *b.* Che cosa mi consiglierebbe? *c.* Che brutto articolo! (Che articolo terribile!) *d.* Smettetela una buona volta con questa pubblicità sessista! *e.* Complimenti! Che bello il servizio sull'India! (Questo sì che era un bel servizio sull'India) *f.* Avanti così! In bocca al lupo per il prossimo numero!

7.
a) l'editoriale = *der Leitartikel* | *il meteo* (*che tempo fa*) = das Wetter | *la parte* (*pagina*) *locale* = der Regionalteil | il sommario = *der Inhalt* | *la politica estera* = *die Außenpolitik* | *il quotidiano* = *die Tageszeitung* | *il servizio* = *die Reportage / der Artikel / der Zeitungsbericht* | *il colophon* = *das Impressum* | *la cronaca* = *aus aller Welt (Vermischtes)*.
b) *la tiratura* = die Auflage | *la foto a colori* = das Farbfoto | *l'abbonamento / l'abbonato / abbonarsi a* = *das Abo(nnement) / der Abonnent / eine Zeitung abonnieren* | *il numero* = *das Exemplar* | *la carta patinata* = *das Glanzpapier* | *la rivista* = *die Zeitschrift / das Magazin* | *il supplemento* = *die Beilage* | *l'edicola* = *der Zeitungskiosk*.

8. *a.* 1 | *b.* 2 | *c.* 2 | *d.* 2 | *e.* 1.

9. *a.* Siamo rimasti molto colpiti dal Suo articolo. *b.* Siamo profondamente delusi dalla trasmissione del 30 marzo. *c.* La ringrazio per la Sua presa di posizione. *d.* Non ho niente in contrario a che i programmi per bambini vengano sottoposti alla censura. *e.* Condivide l'opinione di questa lettrice? *f.* Sono assolutamente contraria/o. Veramente non lo capisco.

10. Esempio di riassunto: Die Leserin, eine berufstätige Frau, Mutter zweier Kinder, schreibt an die Zeitschrift «Sorrisi e canzoni», um sich kritisch über die Kinderprogramme im Fernsehen zu äußern. Sie bedankt sich für die Besprechung des Filmes «300», den sie wegen der vielen gewaltsamen Szenen ablehnt. Sie plädiert dafür, eine Warnung vor jugendgefährdenden Inhalten von Fernsehprogrammen einzuführen.

11. T1 C) immagino che ci sia (verbo di opinione)
T3 scegliere se questo tipo sia (interrogativa indiretta) ... sembra che il metodo sia (frase impersonale) ... chiunque voglia (frase relativa introdotta da pronome indefinito) ... perché deve essere sbagliato che ci siano (frase impersonale)... non ci saremmo trovati ... se qualcuno ce ne avesse parlato prima (periodo ipotetico della possibilità) ... Vorrei che ... la smettessero e si ricordassero. (verbo di desiderio al condizionale)..

12. *a.* (Verbo di opinione: *ritenere che* + congiuntivo) Glaubt ihr, dass Frau Severi Recht hat? *b.* (Verbo di opinione / supposizione: *immaginare* *che* + congiuntivo) Ich kann mir vorstellen, dass brutale Filme die meisten Leute abstoßen. *c.* (In italiano è una frase principale introdotta da *a mio parere*). Auch ich denke, dass die Zensur in die Fernsehprogramme eingreifen sollte. *d.* (Verbo che indica impressione / emozione soggettiva: *temere che* + congiuntivo) Zu diesem Zeitpunkt befürchten wir, dass man nicht mehr viel machen kann. *e.* (Dopo i verbi di dire in italiano c'è l'indicativo) Frau Severi sagt, dass diese freie Wahl einen sehr schlechten Einfluss auf die Kinder habe. *f.* (Dopo i verbi di dire in italiano c'è l'indicativo) Sie fügt hinzu, dass man sich nicht wundern soll, wenn sie dann die Regel nicht einhalten.

13. *a.* Per favore, signora Sager, scriva alla redazione. *b.* Credi che scriva (scriverà) davvero la lettera? *c.* Bravo! Continua così! *d.* Non voglio che i bambini continuino a vedere tali programmi. *e.* Pensate ai bambini! *f.* È necessario che pensiate al vostro futuro.

14. *a.* Non voglio che mio figlio di undici anni (che ha undici anni, undicenne) si guardi film del genere. *b.* Molte grazie per il Suo articolo molto informativo sul consumo dei media. Continui così! *c.* Speriamo che la Sua rubrica trovi molti lettori. *d.* Caro caporedattore, consideri che il suo giornale viene letto anche dai giovani. *e.* Non è sbagliato che alcune trasmissioni vengano segnalate come inadatte ai minorenni. *f.* Gentile (Spettabile) redazione, non pubblicate mai più servizi del genere!

15. *a.* Anche se hanno (sebbene abbiano, pur avendo) i capelli lunghi, non sono degli hippy. *b.* Matilde è una ragazza molto bella (carina), pur avendo (sebbene abbia, anche se ha) un naso ‹importante› (pronunciato). *c.* Sebbene Sandra abbia (pur avendo, anche se ha) (le) mani delicate (le dita affusolate) non suona il piano. *d.* Benché abbia (anche se ha, pur avendo) le gambe storte, sa ballare magnificamente. *e.* Mio figlio ha dei denti bellissimi, anche se non se li lava (benché non se li lavi, pur non lavandoseli) regolarmente.

16. Possibili soluzioni: *a.* Se questo lettore avesse i capelli corti, *forse sarebbe più facile per lui trovare lavoro.* *b.* Se ci fosse la censura sui programmi televisivi, *secondo alcuni ci sarebbero meno violenza e meno pornografia*. *c.* Il direttore del giornale risponderebbe a tutte le lettere, se *avesse più tempo a disposizione*. *d.* Se il nuovo formato fosse piaciuto ai lettori, *non si sarebbero lamentati così tanto.* *e.* Il giornale non avrebbe pubblicato questa lettera, se *non la ritenesse interessante per molti lettori.* *f.* Tanti lettori non leggerebbero «la posta del cuore», se *avessero una vita sentimentale felice.* *g.* Se non fossero arrivate tante lettere su quel tema, *la redazione non gli avrebbe dedicato un servizio speciale.* *h.* Se *tu avessi comprato il giornale oggi*, avresti notato che *La Stampa* ha un nuovo formato.

17. Esempio di lettera:
Caro lettore capellone, ritengo che i capelli lunghi possano fare un'impressione positiva o negativa a seconda dell'ambiente di lavoro. Se cerca un impiego in una casa discografica, magari il suo *look* può giocare a Suo favore, ma se fa un colloquio di lavoro in banca allora il mio consiglio è: abbia coraggio e vada dal barbiere!

18. *a.* L'autore dell'articolo crede che Po derivi da Padanus. *b.* Il lettore ritiene che (Secondo il lettore) tali errori non dovrebbero capitare. *c.* Il lettore ha scritto che l'autore dell'articolo si sarebbe dovuto informare meglio. *d.* Supponiamo che il redattore non si sia accorto dell'errore. *e.* Si vede (si sente, si nota) che il lettore è arrabbiato. (quanto sia arrabbiato). *f.* Credi che sia (un) insegnante (professore) di latino? *g.* Temete che la redazione non prenda sul serio una lettera del genere? *h.* Trova che sia troppo pedante?

19. Esempio di lettera:
Caro Professor P., mi scuso per l'errore, che non mi pare molto grave. Capisco il Suo punto di vista filologico, ma per me era più importante l'aspetto politico e, diciamo, antropologico della questione, per far capire al lettore tedesco il fenomeno della Lega Nord. Grazie comunque della precisazione.

8 Articoli di cronaca

1. *a.* Un giovane sedicenne. *b.* A Berlino. *c.* Durante l'inaugurazione della nuova stazione centrale. *d.* Ha accoltellato 16 persone. Alcune di loro sono rimaste gravemente ferite. *e.* Probabilmente perché era ubriaco.

2. *a.* Geistesgestörter | *b.* mit einem Messer auf etw./jdn. losgehen | *c.* eine Verletzung davontragen | *d.* wahllos einstechen | *e.* in Lebensgefahr schweben | *f.* Gewalttat | *g.* festnehmen.

3. *a.* accompagnamento | *b.* arresto | *c.* blocco | *d.* conclusione | *e.* ferimento | *f.* festeggiamento | *g.* inaugurazione | *h.* turbamento | *i.* uccisione.

4. *a.* Il ladro è (viene) inseguito dalla polizia. *b.* L'imputato è stato assolto dal tribunale per insufficienza di prove. *c.* Michael Jackson era molto amato dai giovani. *d.* Il «Cenacolo» fu (venne) dipinto da Leonardo fra il 1495 e il 1498. *e.* Penso che il giornalista Travaglio sia stato invitato dalla libreria Feltrinelli a presentare il suo nuovo libro. *f.* Secondo le ultime informazioni un pericoloso boss mafioso sarebbe stato arrestato oggi dalla polizia.

5. *a.* Gestern sind einige Skiläufer von einer Lawine mitgerissen worden. *b.* Die Vatikanischen Museen werden jedes Jahr von Tausenden von Touristen besucht. *c.* Die Stadt Messina wurde 1908 vollständig durch ein Erdbeben zerstört. *d.* Herr Starnone war bei allen Schülern sehr beliebt. *e.* Die Klassenreise (der Schulausflug) wird von einer Gruppe Schülern organisiert werden. *f.* Ich glaube, dass dieser Krimi von Camilleri bei Sellerio erschienen ist.

6. *a.* Una giovane donna è stata accoltellata da un uomo venerdì alla stazione (centrale) di Hanau. Come ha riferito un portavoce della polizia, si tratta probabilmente di un dramma della gelosia. *b.* Come è stato reso noto ieri, un vietnamita di vent'anni è stato aggredito con un coltello lunedì pomeriggio. Fortunatamente non è più in pericolo di vita. *c.* Davanti ad una discoteca nel Baden un buttafuori è stato aggredito e ferito gravemente a colpi di arma da fuoco.

7. *a.* da | *b.* dall' | *c.* dall' | *d.* di | *e.* di | *f.* di | *g.* dal | *h.* dall' | *i.* dalla | *j.* di, da | *k.* di | *l.* da | *m.* da | *n.* da | *o.* da | *p.* di.

8. Geistig verwirrter Mann sticht mehr als 28 Menschen nieder. Sechs Schwerverletzte
Das große Volksfest zur Einweihung des neuen Berliner Hauptbahnhofs wurde vergangene Nacht durch die unerklärliche Gewalttat eines Sechszehnjährigen gestört, der mit einem Messer auf die Menge einstach und dabei mindestens 28 Menschen verletzte. Der anscheinend vollkommen betrunkene Jugendliche schritt zur Tat, gleich nach Abschluss der großartigen Feierlichkeiten und der Licht-, Musik und Farbenshow, die am späten Abend die Einweihung des neuen Hauptbahnhofs begleiteten. Er wurde an einer Stelle errichtet, an dem einst die Mauer verlief, unweit vom neuen Regierungsviertel.
Um 23:30 begann der Sechzehnjährige wahllos auf die Menschen einzustechen, die zu Zehntausenden vom Ort der Festlichkeiten fortströmten. Sechs der 28 niedergestochenen Passanten trugen schwere Verletzungen davon. Eine Person, die zuerst in Lebensgefahr schwebte, befindet sich inzwischen auf dem Weg der Besserung (ist inzwischen außer Lebensgefahr).
Der Messerstecher wurde von der Polizei gefasst und festgenommen. Es handelt sich um einen Deutschen, der der Polizei wegen anderer Gewalttaten schon bekannt war. Die Tatmotive sind jedoch noch nicht klar. Der Vater des Jugendlichen sagte, auch er könne sich die Tat seines Sohnes, über die er sich überrascht und betroffen zeigte, nicht erklären.

9. *a.* il testimone | *b.* l'avvocato | *c.* l'aula del tribunale | *d.* l'accusa | *e.* il pubblico ministero | *f.* l'indizio | *g.* il cliente | *h.* il verbale di un processo | *i.* il giudice | *j.* la testimonianza.

10. Accusa, accusato, accusare (qu. di qc), accusatore, accusabile, accusatorio. Demolire un'accusa, formulare un'accusa, difendersi da un'accusa, essere assolto da un'accusa.
Testimone (oculare), teste, testimoniale, testimoniare. Dare la propria testimonianza, essere arrestato per falsa testimonianza, ritrattare la propria testimonianza.
Condannare, condannabile, condannato. Emettere una condanna, scontare una condanna (a dieci anni di carcere, all'ergastolo).

11. *a.* … che è (era) accorso … | *b.* … un successo tale che hanno ispirato … | *c.* … e così ha posto tre domande e si è dato … | *d.* … che è stata messa in piedi …

12. Carofiglio wurde vom Rechtsanwalt Michele Laforgia vorgestellt. Der Rechtsanwalt L. begann seine kurze Präsentation mit einer Provokation, indem er dem Schriftsteller drei Fragen stellte, die er selber beantwortete. Welche Beziehung bestehe zwischen Guerrieri und Carofiglio und ob Guerrieri das Alter Ego von Carofiglio sei. Sicherlich nicht. Carofiglio sei nicht Guerrieri, habe es aber wahrscheinlich sein wollen, es gebe fast eine Sehnsucht nach dem Beruf des Rechtsanwalts, nach Dingen, die er nicht gemacht habe. Ob Rechtsanwälte in Wirklichkeit wie Guerrieri seien? Ganz klar nein, sie hätten gar nicht die Zeit, all das zu tun, was Guerrieri mache.
Dann ergriff Carofiglio das Wort. Nach Ansicht des Staatsanwalt-Schriftstellers würden Prozesse und Romane starke Ähnlichkeiten aufweisen, wobei die wichtigste sei, dass in beiden Geschichten erzählt würden. In einem Prozess würden alle

Hauptpersonen (Zeugen, Staatsanwälte, Rechtsanwälte, Richter) eine Geschichte erzählen. Es handle sich um gegensätzliche Geschichten, Hypothesen zur Rekonstruktion früherer Tatsachen auf der Basis verfügbarer Indizien.

13. *a. Il folle rimane* in carcere preventivo. *b. Nella notte di sabato, contro di lui* è stata emessa ordinanza di custodia cautelare. *c. Il sedicenne autore del reato (l'aggressore sedicenne)* è accusato del tentato omicidio *di 24 persone* e di gravi lesioni personali.

14. *a.* Arrestati in Italia estremisti (integralisti) islamici *b.* Cdu a favore di pene più severe per giovani delinquenti *c.* Fine della coalizione di governo: probabili elezioni anticipate *d.* Bambino di sette anni attaccato da un gigantesco anaconda *e.* (Il re) Juan Carlos compie 70 anni *f.* I vip e i loro propositi per l'anno nuovo: più verdura e più sport *g.* Arrestati due uomini per l'aggressione a passanti *h.* Per adesso niente sciopero delle ferrovie.

15. *a.* Il giallo *Testimone inconsapevole* è stato pubblicato da G. C. nel 2002 presso la casa editrice Sellerio. *b.* All'inizio del romanzo il protagonista, l'avvocato Guerrieri, viene lasciato dalla moglie. *c.* Per superare la depressione gli vengono prescritte delle medicine. *d.* Invece di prenderle preferisce andare a fare la boxe, uno sport (che era stato) da lui praticato con entusiasmo in gioventù. *e.* A poco a poco Guido comincia a trovarsi bene nella sua nuova vita e infine si confronterà con un caso che cambierà per sempre il suo modo di vedere le cose.

16. *a.* 4 | *b.* 6 | *c.* 1 | *d.* 7 | *e.* 2 | *f.* 5 | *g.* 3.

17. Esempio di riassunto: In Polonia stanno facendo il processo ad uno scrittore di libri di viaggi, accusato di un omicidio commesso nel 2000, che aveva descritto dettagliatamente in un suo romanzo. Krystian Bala era già stato arrestato una volta e poi rilasciato, per mancanza di prove, ma l'anno scorso è stato arrestato una seconda volta, perché sono spuntati nuovi indizi. L'accusato dice di essere innocente e di essere vittima di un intrigo.

18. *a.* effettivamente | *b.* quindi | *c.* eppure | *d.* evidentemente | *e.* infatti | *f.* ovviamente.

19. Alice ha chiesto poco fa a Bernardo se *ha già visto* il nuovo film di Bruni Tedeschi.
Bernardo ha risposto che non l' *ha visto*, ma che *ha intenzione* di vederlo quanto prima.
Alice ha continuato dicendo che ci *andrà* con Luisa domani sera e gli ha domandato se *vuole* andarci anche lui.
Bernardo ha risposto che purtroppo domani *ha* già un impegno e che *sarà* per un'altra volta.

20. Il professore mi chiese dove *avevo (avessi) trovato* quelle informazioni.
Risposi che *era* un tema che mi *interessava* molto e che da tempo *raccoglievo* tutti gli articoli che *uscivano* in proposito.
Il professore *si congratulò con me* e mi chiese quando gli *avrei mandato* il capitolo successivo della mia tesi.
Gli risposi che *speravo* di riuscirci prima della fine di *quel* mese.
Il professore mi pregò *di mandarglielo* al suo indirizzo privato perché non *sarebbe andato* in istituto per alcune settimane.

21.
a) Una coppia di genitori dell'Assia non ha più mandato i (suoi, propri) figli a scuola. I genitori hanno giustificato il fatto con la loro fede religiosa. Hanno affermato che le lezioni di educazione sessuale non sono compatibili con la Bibbia. È stato però deciso che i genitori non possono ritirare i figli da scuola per motivi religiosi. La matematica o le lingue non hanno niente a che fare con questioni di fede.
b) Sorpresa: Amazon ha comprato *Beedle the bard*. Una somma pari a 2,75 milioni di euro (1,95 milioni di sterline) è quella che Amazon deve pagare per il manoscritto di J.K. Rowling. «Sono sbalordita ed entusiasta (non ci posso credere, sono al settimo cielo)» ha detto Rowling dopo l'asta. La portavoce di Amazon ha sottolineato il fatto che il libro non verrà rivenduto. Ha affermato che questo è un modo per ringraziare la scrittrice. Il ricavato andrà a sostegno dell'organizzazione «The Children's Voice» di Rowling.
c) Per la quarta volta in due settimane domenica mattina c'è stata un'aggressione con feriti. Un gruppo (una banda, una gang) di giovani a Monaco ha picchiato due altri giovani, come ha dichiarato il questore W.S. La madre di uno degli aggressori si è scusata per il figlio. Ha detto che il padre lo maltrattava e che per questo lei si era rifugiata nella ‹casa delle donne›.

9 Recensioni

1.

sostantivo	verbo	persona che compie l'azione
edizione	editare (poco usato)	editore
cura (a cura di)	*curare*	*curatore*
scrittura	scrivere	*scrittore*
intervista	intervistare	*intervistatore*
regia		*regista*
recensione	*recensire*	recensore
saggio		*saggista*
pubblicazione	pubblicare	
critica	*criticare*	*critico*

2. *a.* curatori | *b.* pubblicato (edito, agg.) | *c.* si trova (ha sede) | *d.* intitolato | *e.* costa | *f.* recensore | *g.* contiene | *h.* dedicati | *i.* è stata pubblicata (è apparsa).

3. Soluzioni possibili: *b.* Lindau è la casa editrice del volume (del libro). *c.* La sede della casa editrice è a Torino. *d.* Il titolo del libro è *Le forme della ribellione*. *e.* Il costo del volume è (di) 19 €. *f.* Il libro è stato recensito da Stefano Boni. *g.* Nel volume sono contenuti (inclusi) saggi, interviste e un apparato critico. *h.* Bellocchio è (è stato) oggetto di altri studi (Altri studiosi hanno dedicato saggi a Belloccio). *i.* La rivista *L'Indice* ha pubblicato la recensione.

4. *a.* Il libro contiene (include) sia saggi sia una filmografia. *b.* Non ho letto né questo né altri libri su Bellocchio. *c.* Non so di preciso: Luisa Cerretto dovrebbe aver (o) curato i saggi o compilato la bibliografia. *d.* Sono state incluse sia recensioni italiane che francesi. *e.* Alcuni trovano il cinema di Bellocchio troppo politicizzato, ad altri piace proprio per questo. *f.* Da un lato il recensore trova il volume molto riuscito, dall'altro critica il lavoro dei curatori. *g.* I saggi sono molto eterogenei. Ce ne sono alcuni (che sono) brevi e semplici, altri invece sono molto lunghi e complessi. *h.* (La) Bignardi si occupa del Neorealismo nel cinema come pure (come anche) nella letteratura (tanto nel cinema quanto nella letteratura).

5. Il <u>bel</u> volume curato da Luisa Ceretto e Giancarlo Zappoli per il Centro studi cinematografici, pur non essendo la prima pubblicazione dedicata al regista, <u>si segnala</u> sia per la presenza di <u>interessanti</u> saggi d'approfondimento e di interviste <u>originali</u> sia per un <u>ampio</u> apparato critico-filmografico, comprendente schede dei film, <u>dettagliatissime</u> sinossi, analisi e stralci di recensioni sia italiane che francesi, scelta doverosa considerati i notevoli consensi ottenuti oltralpe da Bellocchio. Un libro <u>essenziale</u> per ripercorrere una filmografia tra le più complesse ed originali d'Europa.

6. *a.* Nachdem sie den Kontext herausgearbeitet hat, stellt die Autorin die Biographie des Regisseurs vor. *b.* Beim Schreiben des Aufsatzes hat Zappoli unveröffentlichte Dokumente verwendet. *c.* Nachdem sie das Buch geschrieben hatten, suchten die Herausgeber einen Verleger. *d.* Obwohl sie sich davor noch nie mit Filmen beschäftigt hatte, macht Cerretto eine exzellente Arbeit. *e.* Die das politische Thema betreffenden Kapitel stehen am Anfang des Buches. *f.* Visconti behandelt er hier nicht, da er ihm einen anderen Aufsatz gewidmet hat. *g.* In Anbetracht des Erfolgs von Bellocchio im Ausland ist es merkwürdig, dass du ihn nicht kennst.

7. Nouvelle vague auf Italienisch
von Stefano Boni.
Die Formen der Rebellion. Die Filme von Marco Bellocchio, Luisa Ceretto und Giancarlo Zappoli (Hg.), 189 S., 19,– Euro, Centro Studi Cinematografici Lindau, Turin 2004
[...] Auch wenn es sich nicht um die erste Publikation handelt, die dem Regisseur gewidmet wurde, zeichnet sich der schöne, von Luisa Ceretto und Giancarlo Zappoli für den Centro Studi Cinematografici herausgegebene Band sowohl durch die interessanten, ausführlichen Aufsätze und persönlichen Interviews als auch durch einen umfassenden bibliographischen Anhang aus. Dieser enthält kurze Informationen zu den Filmen, präzise Zusammenfassungen, Analysen und Auszüge nicht nur aus italienischen, sondern auch französischen Rezensionen, was angesichts des großen Zuspruchs, den Bellocchio jenseits der Alpen gefunden hat, unverzichtbar war. Dies ist ein wesentliches Buch für jeden, der sich eines der komplexesten und originellsten filmischen Œuvres in Europa erschließen möchte.

8. Confrontate le vostre soluzioni con il T2.

9. *a.* 3. | *b.* 5. | *c.* 2. | *d.* 1. | *e.* 4.

10. *a.* 2 | *b.* 1 | *c.* 1 | *d.* 2.

11. a Non sappiamo (veniamo a sapere) quello che (ciò che) pensa il protagonista. *b.* I sessantottini vanno in pensione, cosa che (il che) non stupisce (sorprende) nessuno. *c.* Ciò che (quello che, quanto) si trova nel libro, viene qui riassunto brevemente. *d.* Uwe Timm ha scritto anche dei saggi e un radiodramma (dramma radiofonico), cosa che (il che) non è nota(o) a tutti (non tutti sanno). *e.* Questo libro ha tutto quello che (tutto ciò che) ci si aspetta da un buon romanzo.

12. *a.* Il poeta, che è ancora molto giovane, ha già pubblicato due raccolte di poesie. *b.* Non avevamo visto questa recensione (che era) uscita sulla *Zeit*. (Questa recensione uscita sulla *Zeit* ci era sfuggita.) *c.* Il saggio con cui (con il quale) comincia il libro è stato scritto nel 2005. *d.* I giornalisti a cui (ai quali) è stato chiesto il proprio parere scrivono tutti sulla *Stampa (*su *La Stampa*). *e.* Avete letto i racconti in cui (nei quali) è trattato questo tema? *f.* Conosci il romanzo di cui (del quale) stanno parlando?

13. *a. Sia* Schneider *sia* Timm *hanno compiuto quest'anno* 65 anni. *b.* Tutti *e due gli* autori *hanno avuto grande* successo *con il loro* primo romanzo. *c. In* entrambi i libri *il protagonista è uno* studente di sinistra. *d.* Il recensore ritiene che *sia* (*tanto*) Schneider *sia* (*quanto*) Timm *siano dei* narratori *eccellenti* (*molto bravi*).

14. *a.* l'età pensionabile (età della pensione) | *b.* un buono a nulla (fannullone) | *c.* il libro di culto | *d.* il talento linguistico (la predisposizione per le lingue) | *e.* la capacità d'osservazione | *f.* il radiodramma (dramma radiofonico).

15. *a.* un film ispirato a un romanzo di Walser | *b.* i servizi di un giornalista di Francoforte che ha molto viaggiato | *c.* i racconti usciti alla fine degli anni novanta, diventati ben presto un best seller | *d.* un tentativo destinato a fallire (al fallimento) | *e.* un libro insolitamente solare e armonioso | *f.* la «Commedia per musica» di Hugo von Hoffmansthal, malinconica e pungente, messa in musica da Richard Strauss.

16. *a.* Nonostante (malgrado) tutti i problemi sociali Valeria Parrella non scrive un libro di critica sociale. *b.* Non inventa i suoi personaggi, essi sembrano invece venir fuori (bensì li fa venir fuori) dalla realtà. *c.* Presenta i suoi personaggi in modo molto plastico, cosicché (tanto che) crediamo (ci sembra) di sentirli parlare nei dialoghi (dialogare). *d.* Parrella racconta (di) quanto (come) sia difficile (parla della difficoltà di) trovare un lavoro al Sud (nel Meridione).

17. *a.* integrante | *b.* abile | *c.* scorrevole | *d.* aspra/ efficace | *e.* brevi / precisi | *f.* verosimili.

18. *a.* la trama | *b.* il/la protagonista | *c.* l'editore | *d.* l'edizione | *e.* il volume | *f.* il racconto breve | *g.* la narrativa | *h.* i saggi critici | *i.* il curatore (di un libro) / il direttore (di un giornale) | *j.* il saggio (l'articolo).

19. *a.* Finora tutti i libri di questa scrittrice sono diventati best seller. *b.* Ogni lettore deve trovare la propria chiave di lettura (avrà il proprio approccio al libro). *c.* Sembra che la casa editrice non stamperà una seconda edizione. *d.* Naturalmente non tutti i libri che vengono mandati alla redazione dell'*Indice* sono recensiti. *e.* Nessuno leggerà tutte le 800 pagine di questo romanzo! *f.* Ogni lettore ha i propri scrittori preferiti.

20. *a.* Lei illustra in modo convincente i problemi sociali e familiari dei giovani, senza perdere il filo narrativo. *b.* Già allora il giovane Schneider era capace di (sapeva) raccontare in modo magistrale. *c.* Uwe Timm padroneggia splendidamente non solo la forma del romanzo, ma anche quella del saggio narrativo. *d.* Parrella gioca abilmente con i numerosi cliché su Napoli. *e.* Riesce a rendere (rappresentare) plasticamente i personaggi. *f.* Descrive in modo efficace (Colpisce il modo in cui descrive) la situazione attuale della città. *g.* L'autrice ha scritto (creato) un libro avvincente, che stranamente non è stato ancora tradotto. *h.* Il suo talento si manifesta in due altri (altri due) racconti, nei quali scrive della (sulla) sua città in modo autentico e privo di sentimentalismi.

Wort- und Sachregister / Indice analitico

1. GRAMMATICA

2. LESSICO